동인랑
동인랑
동인랑
동인랑
동인랑
동인랑
동인랑
동인랑
동인랑
동인랑
동인랑
동인랑
동인랑
동인랑
동인랑
동인랑
동인랑
동인랑
동인랑
동인랑
동인랑
동인랑
동인랑
동인랑
동인랑
동인랑
동인랑
동인랑
동인랑
동인랑
동인랑
동인랑
동인랑
동인랑
동인랑

MP3 무료 다운
English Usage

유창한 영어회화

초간단 영어 표현

처음편

210개 문장으로 배우는 초간단 영어표현

210

MP3 무료다운
www.donginrang.co.kr

Digis

머리말

꿈이 있고 꿈을 이루기 위해 노력하는 사람에게는 반드시 기회가 찾아옵니다.
이 책을 펼친 바로 여러분들에게도 마찬가지로 미래에 대한 꿈과 희망이 있을 것입니다.
영어 공부를 통해서 바라는 바를 성취하고 싶을 겁니다. 하지만 이것만은 알아두십시오.
자원이 아무리 많더라도 제품 생산에 활용하지 않으면 소용이 없으며 구슬이 아무리 방바닥에 널려 있어도 꿰지 않으면 무가치하다는 것을 말입니다.
무언가를 시작하거나 혹은 재도전하기 전에 여러분에게는 무장이 필요합니다.
강한 의지라는 튼튼한 갑옷이 필요합니다.

필수가 되어버린 영어. 대부분의 사람들은 영어에 질려 있습니다.
선불리 시작했다가 손떼신 분들이 한둘이 아닐 것입니다. 무엇을 공부하든 가장 중요한 것은 자신이 그 공부에 질리지 않도록 스스로 페이스를 유지하고 흥미를 지속시키는 것입니다.
지나치게 욕심을 부려서도 안됩니다. 그리고 매일매일 하는 것이 중요합니다.
일주일 분량을 하루에 할 생각을 마십시오. 언어구사는 습관입니다. 하루에 세 끼 밥을 먹듯이 매일 조금씩 익히도록 하십시오. 자신에게 동기부여를 하는 것도 좋은 채찍이라 생각합니다.
이 책이 나오는 동안 녹음에 협조해주신 Jason Tan과 Merose Hwang에게 감사의 말씀 드리며 꼼꼼히 교정을 봐준 박현정 씨에게도 감사하다고 전하고 싶습니다.

끝으로 이 책으로 영어를 시작하는 여러분 모두에게 좋은 결실이 있길 바랍니다.

영어교육 연구팀

CONTENTS Vol. 1

CONTENTS Vol. 1

일러두기

이 책을 적극 활용할 수 있는 작은 조언들 Tips이다.

Step Ⅰ 기초가 약한 사람은 Warming Up을 중점적으로 본다.

Step Ⅱ Warming Up이 익숙해지면 Dialogue 1 부터 Dialogue 5 까지 차례대로 단계를 밟으며 점차 어려운 문장에도 맛을 들인다.

Step Ⅲ Dialogue 에 나온 문장이나 어구에 이해가 필요하다면 English Usage 에서 제공하는 자세한 설명을 참조한다.

Step Ⅳ 다양한 표현활용에 관심이 있다면 English Usage 의 많은 예문에 주의를 기울인다.

Step Ⅴ English Focus 에서 평소에 갖게 되는 궁금점을 푼다.

- 표기 및 문장부호 범례

1. ( ) 속은 보충설명이거나 동일 개념의 표현이다.
2. [ ] 속은 대체 표현이나 대체 해석이다.
3. 주의해서 봐야할 곳은 굵은 글씨로 나타냈다.
4. 해설이 필요한 곳은 위첨자로 주를 표시했다.

PART I

기본적인 대화편

① 인사와 안부 GREETINGS

How are you doing?

How's business?
Long time no see
Take it easy
So long
Say hello to Suji

Track-1

WARMING UP

How are you doing?

George Good morning, Sandra. How are you doing?

Sandra Pretty good, thanks. How are you today, George?

George Not bad, thanks.

WORD

Good morning 안녕(아침인사)
pretty 매우 bad 나쁜 thanks 고마워

G 안녕, 산드라. 기분 어때요?
S 아주 좋아요, 고마워요. 오늘 기분 어때요, 조지?
G 그냥 그래요, 고마워요.

A — How have you been doing?
B — Great. Thanks.
어떻게 지내셨어요?
아주 잘 지내요. 고마워요.

A — How are things with you?
B — Couldn't be better.
일은 다 잘 되세요?
더할 나위 없이 좋아요.

A — How are you getting along?
B — Oh, like always.
어떻게 지내니?
오, 항상 같지요.

A — How did it go today?
B — Nothing special.
오늘 일 어때?
별로 특별한 일은 없어.

Q **"겨우 살아가고 있다"**를 영어로는 어떻게 표현하나요?

A stay afloat이란 표현을 씁니다. afloat이 물위를 둥둥 떠다니는 것을 말하니까 연상이 되죠? 간신히 생계를 유지하다, 겨우겨우 꾸려나가다라고 해석합니다.

이와 비슷한 표현으로 keep one's head above the water가 있습니다. 물 위로 머리만 간신히 들이민다는 뜻이니까 딱 들어맞는 표현이겠네요.

DIALOGUE 1 Track 1

HOW'S BUSINESS?

하시는 일은 잘 되세요?

Sandra Hi. How's it[1] going?

George Pretty good.

Sandra Keeping busy, huh?

George Yeah. **How's business[2]?**

Sandra So-so. Are you free tonight?

How about[3] a drink?

George Fine. What time do you want to **make it[4]**?

S 안녕. 잘 되가요?
G 네, 잘 되가요.
S 바쁘죠, 네?
G 그래요. 하시는 일은 잘 되세요?
S 그저 그래요. 오늘밤 시간 있어요? 한 잔 하는게 어때요?
G 좋아요. 몇 시로 할까요?

1 it

- We left them to fight **it** out.
  우리는 그들이 승부가 날 때까지 싸우도록 내버려두었다.
- And the worst of **it** is that the car isn't even paid for yet.
  그리고 가장 최악의 상황은 자동차 값을 아직 물지도 못했다는 것이다.

여기서 it은 특정 사물을 대신하는 대명사가 아니라 막연한 상황을 가리킨다. I can't stand it any more. I'm resigning. 더 이상 못 참겠어. 나 그만 둘래 에서 처럼 더 이상 참을 수 없는 현재 상황을 말한다.

2 business

- **Business** is slow during the summer.
  여름 동안은 경기가 부진하다.
- Steve works in the movie **business**.
  스티브는 영화계에 종사하고 있다.
- It's none of your **business**.
  네가 알 바 아니야.

business는 우리가 흔히 말하는 사업이란 뜻이다. 하지만 가장 기본적인 의미는 일, 업무이다. 패션업계, 자동차업계에서 업계라는 뜻을 가리키기도 한다. 신경이 쓰이는 것이란 뜻도 있다.

3 How about

- **How about** putting this computer desk closer to the window?
  이 컴퓨터 책상을 창문 가까이 가져가는 게 어때요?

How about~?은 상대에게 제안을 할 때 쓰이는 구문으로 ~하는 게 어때?란 의미이다. Let's~, Why don't you~?, What do you say to~?로 대체할 수 있다.

4 make it

- If we run, we can **make it**.
  뛰어가면 제 시간에 도착할 수 있을 거야.
- I never thought Clare would **make it** as an actress.
  클레어가 배우로 성공할 줄은 꿈에도 몰랐다.

make it은 회화 구문에서 상당히 자주 등장하는 숙어이다. 두 가지 뜻이 있는데 첫 번째는 시간에 맞게 어떤 장소에 도착하다이고 두 번째는 성공하다 succeed이다. 물론 이 대화에서는 첫 번째 뜻으로 쓰였다.

DIALOGUE 2 Track 1

LONG TIME NO SEE

오랜만이네요

Kelly Andy? I **hardly**[1] recognized you.

Andy Hi, Kelly. Long time no **see**[2].

Kelly Right. What have you been doing?

Andy Working as usual. How about you?

Kelly The same. We should **get together one of these days**[3] and talk.

Andy Sure. Give me a **call**[4].

K 앤디? 겨우 알아보겠네요.
A 안녕, 켈리. 오랜만이네요.
K 그래요. 뭐하며 지내요?
A 언제나처럼 일하며 지내죠. 당신은요?
K 저도 똑같죠. 조만간 한 번 만나서 얘기나 하죠.
A 좋아요. 전화주세요.

1 hardly

- It was so dark that I **could hardly** see.
  너무 어두워서 거의 볼 수가 없었다.
- She **hardly ever wore** a hat.
  그녀는 모자를 쓸 때가 거의 없었다.

거의 ~하지 못하다라는 뜻의 준부정어이다. ever와 함께 쓰일 때도 있다. 유사어로 rarely, seldom이 있다. hardly 자체가 부정의 의미를 갖고 있기 때문에 not이나 no를 덧붙이면 부정의 부정 즉, 긍정의 의미로 탈바꿈하기 때문에 주의해야겠다. hardly는 빈도를 나타내는 부사이기 때문에 일반 동사 앞에, 조동사나 be동사 뒤에 위치한다.

2 Long time no see

- I haven't seen you for ages.
- It's been a long time.
- It's been ages since I saw you last.

오랫동안 못 만났던 사람을 만났을 때 Long time no see라고 인사한다. 구어체로 많이 쓰이는 표현이다. 달리 쓸 수 있는 표현들은 위와 같다.

3 get together

- We must **get together** some time for a drink.
  언제 한번 모여서 술 한잔해야겠군.
- Those two should **get together** - they have a lot in common.
  저 두사람은 결혼해도 되겠어. 비슷한 점이 많으니까 말야.

get together는 보통 두 사람 이상이 모이는 것을 말한다. 그리고 these days는 nowadays와 마찬가지로 요즘이란 뜻이다. 하지만 두 사람이 get together 한다고 하면 그것은 로맨틱한 관계를 시작하는 것을 가리킨다.

4 give a call

- I'll **give** you **a ring** in the week.
  이번 주 내로 전화할게요.

일상회화에서 Give me a call은 give와 me가 연음이 되어서 Gimme a call로 변한다. I want to meet you에서 want to는 wanna로 I'm going to see you에서 going to는 gonna로 변하는 것과 마찬가지이다. Give me a call은 전화해줘란 뜻으로 Give me a ring으로 바꿔 쓸 수 있고 간단히 call me라고 해도 된다.

DIALOGUE 3 Track 1

TAKE IT EASY

잘 가

Sandra If you're free tomorrow, how about having lunch together?

George Fine with me. What time shall we make it?

Sandra Let's meet at my office at noon.

George **Fine**[1].

Sandra I'll see you tomorrow then. **Take it easy**[2].

George See you tomorrow. **Take care**[3].

S 내일 시간 있으면 점심 같이 하는 게 어때?

G 나야 좋지. 몇 시에 만날까?

S 정오에 내 사무실에서 만나자.

G 좋아.

S 그럼 내일 보자. 잘 가.

G 내일 만나자. 잘 가.

1 fine

- There is some **fine** architecture in this old city.
  이 오래된 도시에는 훌륭한 건축물이 있다.
- This thread is very **fine** - it's difficult to see.
  이 실은 너무 가늘어서 눈으로 보기도 힘드네.
- I forgot to return my books on time and paid $3 in library **fines.**
  책 돌려주는 걸 깜빡해서 연체료 3달러를 물었다.

fine은 **훌륭한, 멋진, 맑은, 세밀한**이란 뜻을 가진 단어이다. 날씨, 사람의 성격, 외모를 가리키는 모든 상황에서 쓰이는 정말 멋진 형용사이다. 명사로 쓰일 때는 **벌금**이란 뜻으로 쓰인다.

fine에는 very 매우, extremely 극도로의 수식이 들어갈 수 없는데, 왜냐하면 fine 자체가 very well 매우 건강한의 의미이므로 very를 붙이면 사족이 되기 때문이다.

2 take it easy

- The doctor says I'm going to **take it easy** for a few weeks. =relax
  의사가 몇 주간 안정을 취하라고 했어.
- Just **take it easy** and tell us what happened.
  진정하고 무슨 일이 있었는지 말해봐.

Take it easy는 보통 헤어질 때 **안녕** 혹은 **잘 가**의 의미로 쓰인다. 하지만 easy가 **차분히, 여유롭게**란 뜻을 가진 부사이기 때문에 Take it easy는 성급하게 일을 처리하려는 상대에게 **천천히 해라, 걱정하지 마라**라는 의미로 쓰이기도 한다.

3 take care

- **Take care** that you don't catch cold.
  감기 들지 않도록 조심해라.

능동태 They **took much care of** their children.
수동태 **Much care** was **taken of** their children (by them).

여기서는 헤어질 때 인사로 Take it easy와 마찬가지 의미로 Take care가 쓰였다. 하지만 보통 문장에서 take care of는 **~을 돌보다**(look after), **~을 처리하다**(deal with)라는 뜻으로 쓰인다.

take care of 동사구는 늘 같이 따라다니기 때문에 수동태로 바꿀 때에는 주로 of의 목적어가 주어로 가지만, take의 목적어인 care가 주어로 갈 때도 있다.

DIALOGUE 4 Track 1

SO LONG

안녕(헤어지는 인사)

Kelly **By the way**[1], what time is it?

Andy It's about 1:30.

Kelly 1:30? Already? I didn't realize it was so late.
I've got to[2] get to my English class.

Andy You'd better hurry! **See you then**[3].

Kelly **So long**[4].

Andy Bye.

K 그런데, 지금 몇 시니?
A 1시 30분쯤이야.
K 1시 30분이라고? 벌써? 그렇게 늦은 줄 몰랐어.
영어수업에 가야겠어.
A 서두르는 게 좋겠어! 나중에 보자구.
K 안녕.
A 안녕.

1 by the way

- **Anyway** what was I saying?
  아무튼, 내가 무슨 얘기하고 있었지?
- **Anyhow**, let us begin.
  여하튼 시작하자.

by the way는 대화 중에 다른 화제로 넘어갈 때 쓰이는 구 phrase이다. incidentally와 바꿔 쓸 수 있다. 이와 같은 화제 전환 부사구로는 on the other hand 반면에, however 그런데, anyway 어쨌든, anyhow 여하튼 등이 있다.

2 have got to

- I've really have to go now.
- I'd really better go now.
- I really need to go now.
- I really should go now.
- I have to run. / I've got to run.
- I have to get going. / I've got to get going.

have got to는 영국에서 주로 쓰이는 표현으로 have to와 마찬가지로 ~해야 한다의 뜻이다. I've really got to go now 이제 정말 가봐야겠어와 바꿔 쓸 수 있는 표현은 위와 같다.

3 See you then

- See you tomorrow. 내일 봐.
- See you later. 나중에 봐.
- See you next week. 다음주에 보자.

See you then은 I'll see you then의 I'll이 생략된 표현이다. See you안녕를 응용해보자.

4 So long

- He left me without **saying good-bye**.
  잘 있으라는 인사도 없이 그는 나를 떠나갔다.

So long은 헤어질 때 쓰이는 인사이다. Good bye, Bye, Bye-bye, See you도 마찬가지로 헤어질 때 하는 인사이다. 잘가, 안녕으로 해석하면 된다. good-bye kiss는 헤어질 때 하는 작별의 키스를 가리킨다.

DIALOGUE 5 Track 1

SAY HELLO TO SUJI

수지에게 안부 전해 주세요

Jesse Hi, Susan! How have you been?

Susan Hi, Jesse! Fine, thank you. How's your wife, Suji?

Jesse She's fine. How's everyone in your family?

Susan Quite well, thank you. I'm going to meet my husband for lunch. Would you **care to**[1] join us?

Jesse I'd like to but I'm sorry I can't. Could you give me **a rain check**[2]?

Susan Sure. I'll call later. **Say hello to**[3] Suji for me.

J 안녕, 수잔! 어떻게 지냈어?

S 안녕, 제시! 좋아, 고마워. 수지는 잘 있어?

J 응, 잘 있어. 가족들은 모두 건강해?

S 아주 좋아. 고마워. 난 남편 만나서 점심 먹을 건데 같이 갈래?

J 그러고 싶은데 안되겠는걸. 다음 기회로 미뤄줄 수 있지?

S 물론이지. 나중에 내가 전화 걸지. 수지에게 안부 전해줘.

1 care

- She **cared for** her father all through his long illness.
  그녀는 오랜 병환으로 고생하는 아버지를 돌봐드렸다.
- I don't much **care for** his parents.
  나는 그의 부모님을 그다지 좋아하지 않는다.
- She doesn't **care to** spend much time with her colleagues.
  그녀는 직장 동료들과 많은 시간을 보내는 것을 싫어한다.

care는 명사로는 **걱정, 관심, 주의, 보살핌**이란 뜻이 있다. 동사로는 **걱정하다, 마음 쓰다, 돌보다, 좋아하다**의 뜻이 있다. care for는 스스로 돌볼 수 없는 사람들을 돌보는 것을 의미한다. 부정문이나 의문문에서는 사람 혹은 사물(상황)을 **좋아하다**는 뜻이 되기도 한다. care to는 **~하는 것을 좋아하다**는 뜻이다. care to 다음에는 동사원형이 뒤따른다.

2 rain check

A : Care for a drink?
한잔 할래?

B : I'll take a rain check - I figure you'd like to be alone.
다음에 할래. 네가 혼자 있고 싶어하는 것 같은데.

상대방의 초대에 응할 수 없을 때 **다음에 미루자**로 할 때는 Give me a rain check이라고 한다. rain check은 지금은 할 수 없지만 미래에는 할 수 있을 것이라고 말할 때 쓰인다.
본래는 비가 와서 스포츠 경기가 열리지 못했을 때 다음에 열리는 경기를 구경할 수 있게 관객에게 주는 티켓을 가리킨다.

3 say hello to

- Give her my best. 그녀에게 안부 전해주세요.
- All my best [best wishes] to her. 〃
- Give my love [regards] to her. 〃

say hello to~는 **~에게 안부 전해주세요**라는 뜻의 인사말이다.

② 날짜와 시간 DATE AND TIME

What date? - July 16th

What time is it now?
It's at half past five
I got here at five sharp
I'll get it done on time
The deadline has been changed

Track-2

WARMING UP

What date? - July 16th

George When is your birthday, Sandra?
Sandra Day after tomorrow.
George No, I mean what date?
Sandra July 16th.

WORD

birthday 생일 day after tomorrow 모레
date 날짜, 데이트 July 7월

G 산드라, 생일이 언제야?
S 모레야.
G 그게 아니고 날짜 말야.
S 7월 16일.

A — What's today's date?
B — It's February 4th.
오늘이 몇 월 몇일이지?
2월 4일이에요.

A — What date does Thanksgiving fall on this year?
B — The 25th of July.
올해는 추수감사절이 몇일인가요?
7월 25일이에요.

A — Rent is due by the first of the month.
B — No problem.
방세는 매월 1일에 내야 해요.
문제없습니다.

A — What day is the day after tomorrow?
B — It's Friday.
내일 모레가 무슨 요일이지?
금요일이야.

Q **"식목일이 다른 나라에도 있는지 알고 싶네요."**

A 식목일 Arbor Day, Arbor는 라틴어에서 온 말로 나무라는 뜻은 1800년대, 많은 나무가 잘려 조직적인 식목의 필요성을 절감한 미국의 Julius S.Morton이라는 사람이 처음으로 식목일을 제의했습니다. 그후 캐나다를 비롯한 전 세계로 전해지게 되었지요. 미국은 주의 위도에 따라 기후가 다르기 때문에 식목일 날짜가 다르답니다.

DIALOGUE 1 Track 2

WHAT TIME IS IT NOW?

지금 몇 시인가요?

Sandra George, **what time is it now**[1]?

George It's **almost**[2] six-thirty.

Sandra I'm afraid we'll be late.

George Don't worry. We'll make it in time, surely.

S 조지, 지금 몇 시야?
G 6시 반이 다 되가는데.
S 늦을 것 같아.
G 걱정 마. 시간 내에 도착할 수 있어.

1 What' s the time?

- 날짜 표현

What's the date today?
What's today's date?
What day of the month is it today?

- 요일 표현

What's the day today?
What day is it today?
What day of the week is it today?

현재 시각을 묻는 표현은 여러 가지가 있다. 가장 기본적인 표현은 What time is it now?이다. 이와 더불어 쓰이는 표현으로는 What time do you have?, Do you have the time?, Could you tell me the time?이 있으며, 간단하게 What's the time?이라고만 해도 된다.
Do you have the time?과 Do you have time?은 엄연히 다르다. 전자는 현재 시각을 묻는 표현이며 후자는 Are you free? 시간 있어요?와 같은 뜻의 표현이다.

2 almost

- My job takes me to **almost every** part of the world.
  나는 일 때문에 세계의 거의 모든 지역을 돌아다닌다.
- Outside Japan, **hardly anybody** speaks Japanese.
  일본을 벗어나면 일본어를 쓰는 사람이 거의 없다.
- The traffic was so heavy that she **almost** didn't get here in time.
  교통이 너무 복잡해서 그녀는 시간 맞춰 여기 오지 못할 뻔했다.

almost는 거의, 대체로란 뜻을 가진 부사이다. 빈도부사이기 때문에 일반 동사 다음에, 조동사나 be 동사 앞에 위치한다. almost는 수식하는 말 바로 앞에 쓰인다.
주의할 것은 almost nobody가 아니라 hardly anybody로 쓰인다는 것이다. almost가 부정어와 함께 하면 실제로 일어나지는 않았지만 일어날 가능성이 농후한 상황을 얘기할 때 쓰인다.

DIALOGUE 2 Track 2

IT'S AT HALF PAST FIVE

5시 반이에요

Kelly I couldn't get you the flight you wanted. You **take off**[1] at five-thirty.

Andy In the morning or the afternoon?

Kelly In the morning.

Andy What? **Are you kidding**[2]? That sounds impossible.

Kelly I double checked. There's one departure a day and **it's at half past five**[3].

Andy Please check again.

K 네가 원하는 비행기 표를 못 끊었어. 5시 30분에 이륙하는 비행기인데.

A 오전 말이야, 오후 말이야?

K 오전.

A 뭐라구? 농담하는거야? 그럴 리가 없어.

K 내가 두 번이나 확인해 봤어. 하루에 한 번밖에 출발하지 않더라구-그런데 그게 5시 반이야.

A 다시 한 번 확인해줘.

1 take off

- I forgot to **take off** my make-up last night.
  어젯밤에 화장 지우는 걸 잊어버렸다.
- I'm **taking** Thursday **off** to do some Christmas shopping.
  목요일에 일을 쉬고 크리스마스 선물을 사려고 한다.
- Clare just **took off** without saying goodbye.
  클레어가 작별 인사도 없이 떠났다.

take off는 여러 가지 뜻으로 쓰인다. 이 대화문에서는 비행기가 **이륙하다**로 쓰였지만 옷, 모자 따위를 **벗다**, **옮기다**, **제거하다**의 뜻으로 쓰이기도 한다.

2 Are you kidding?

- Don't be mad. **I was only kidding.**
  화내지마. 그냥 농담한 거야.
- You won $5000? **You're kidding**!
  5000 달러를 받았다구? 농담마!

믿을 수 없을 정도로 너무 놀라운 얘기를 듣고서 정말이야?, 설마라고 반문할 때 Are you kidding?, Don't be kidding, No kidding!을 쓴다.
혹은 상대방의 이야기가 허무맹랑해서 믿기가 의심스러울 때 너 나 놀리는 거야?라고 말할 때 쓰이기도 한다. 이 경우는 Are you pulling my leg?가 유사한 표현이다.

3 past, after

- It's twelve after one.
  1시 12분입니다.
- It's almost 11 p.m.
  11시가 거의 다 돼가요.

a.m. 오전 / p.m. 오후

5시 30분을 영어로 five-thirty라고 하기도 하지만 5시에서 30분이 경과했다는 의미에서 past 혹은 after를 써서 half past five 혹은 thirty (minutes) past [after] five라고 하기도 한다.
반면 30분보다 작으면 to나 before, of를 쓴다. 예를 들면 3시 50분은 ten (minutes) to four나 ten before four로 표현한다.
15분을 표현할 때는 quarter를 쓴다. quarter가 1/4(60분의 1/4은 15분)이란 뜻이기 때문이다. 그러므로 1시 15분은 a quarter past one이라고 표현한다.

DIALOGUE 3 Track 2

I GOT HERE AT FIVE SHARP

5시 정각에 왔어요

Sandra I'm sorry I'm late. The traffic was **terrible**[1].

George It's all right. **Take your time**[2].

Sandra What time did you get here?

George I got here at five **sharp**[3].

Sandra Well, shall we order something to drink?

George Fine.

S 늦어서 미안해요. 끔찍하게 교통이 막히더라구요.
G 괜찮아요. 천천히 하세요.
S 여기 몇 시에 왔어요?
G 5시 정각에 도착했어요.
S 저, 마실 것 좀 시킬까요?
G 그러세요.

1 terrible

- I'm a **terrible** cook.
  나는 요리를 정말 못해.
- We had a **terrific** time on our holiday.
  우리는 휴가동안 아주 재미있게 놀았다.

terrible은 **지독한, 끔찍한, 형편없는**이란 뜻의 형용사이다. a terrible accident라고 하면 **끔찍한 사고**가 된다.
반면 모양이 비슷한 terrific은 terrible의 뜻과 더불어 **굉장히 멋진, 엄청난**의 뜻도 있다.

2 take one' s time

- There's no need to rush back-just **take your time**.
  급하게 할 필요 없어. 그냥 천천히 하라구.
- The builders are certainly **taking their time** with our roof.
  건축업자들이 지붕에 시간을 너무 들이는 게 분명해.

서두를 것 없이 천천히 그리고 신중하게 일을 처리하라고 할 때 Take your time이란 표현을 쓴다. Take it easy도 마찬가지이다. 어떤 경우에는 어떤 일에 지나치게 시간을 들이는 것을 비난할 때도 쓰인다.

3 sharp

- Peel the apples using a **sharp** knife.
  날카로운 칼로 사과 껍질을 깎아라.
- We came to a **sharp** bend in the road.
  우리는 급커브길에 들어섰다.
- Tod looked really **sharp** in his tux.
  턱시도를 입은 토드는 정말 매력적으로 보였다.
- We're meeting at 10 o'clock **sharp**.
  10시 정각에 만날 거야.

보통 sharp은 날카로운 사물이나 명철한 지성 혹은 혹독한 추위를 묘사할 때 쓰이는 형용사이지만 이 대화문에서는 시간 표현 뒤에서 **정각에**란 뜻의 부사로 쓰였다. 유사 표현으로 on the dot가 있다.

DIALOGUE 4 Track 2

I'LL GET IT DONE ON TIME

제시간에 끝내도록 할게요

Kelly Do you think you can be done **by**[1] the end of the week?

Andy I think so, Kelly.

Kelly You just can't finish **later**[2] than Saturday!

Andy Why is that?

Kelly The job has to be done **in time**[3].

Andy Okay, Kelly. I'll get it done **on time**[4].

K 이번 주말까지 다 끝낼 수 있겠니?
A 그럴 것 같아, 켈리.
K 토요일보다 늦어지면 안돼.
A 그건 왜?
K 그 안에 일을 마무리지어야 하거든.
A 좋아, 켈리. 제시간에 끝내도록 해볼게.

1 by와 until[till]

- You have to finish the homework **by** the end of the month.
  이달말까지 숙제를 끝내야돼.
- I waited for you **until**[till] 4 o'clock.
  4시까지 널 기다렸어.

~까지를 표현하는 전치사는 by와 until[till]이 있다. 하지만 약간의 의미 차이가 있다. by 다음에 나오는 시간은 최대기한을 의미하므로 그 전에 일이 이루어져도 상관없다. 반면 until은 사람을 기다릴 때 그 시간까지 **계속** 기다리는 것을 의미한다.

2 late, lately

- The harvest was rather **late** this year.
  올해는 추수가 다소 늦어졌다.
- The wedding took place **late** in May.
  5월말에 결혼식이 있었다.

시간 late - later - latest 가장 최근의
순서 late - latter 후자의 – last 마지막

late는 형용사로 쓰일 때 **늦은**, **최근의**, **죽은(故)**의 뜻이 되기도 하고 **늦게**라는 부사도 된다. 반면 lately는 **최근에**, **요즘**이란 뜻의 부사이다. later는 late의 비교급이다.
대개 형용사나 부사에 –er을 붙이면 비교급이 되고 –est를 붙이면 최상급이 되는데, late는 좀 특이하게 비교급과 최상급으로 바꿀 수 있는 경우가 두 가지 있다.

3 in time

- Let me know **in good time** if you need any help.
  도움이 필요하면 미리 알려줘.

4 on time

- The train arrived **bang on time**.
  기차가 시간에 꼭 맞춰 도착했다.

in time은 어떤 계획에 맞추기 위해 일을 미리 일찍 하거나 어떤 장소에 시간 맞춰 도착하는 것을 의미한다.
on time은 약속된 시간이나 정확한 시간에 도착하거나 일이 일어나는 것을 의미한다. on time을 강조하기 위해 right, bang, dead(꼭 맞게)와 같은 부사를 쓴다.

DIALOGUE 5 Track 2

THE DEADLINE HAS BEEN CHANGED

데드라인이 바뀌었어요

Jesse Bad news, Susan. The deadline has been changed. That means we only have a week left.

Susan We have to work this weekend, then.

Jesse **You can say that again**[1]. So, I can't **eat out**[2] with my family this weekend.

Susan Your children will be disappointed.

Jesse **I'm afraid**[3] my wife will be more disappointed.

Susan That's too bad. Anyway, we have to hurry up. We have only five days to go.

J 나쁜 소식이야, 수잔. 데드라인이 바뀌었어.
일주일밖에 시간이 없다는 얘기야.
S 그럼, 이번 주말에도 일해야겠네요.
J 맞아. 이번 주말에 가족들과 외식하자고 했는데 못 가겠어.
S 아이들이 실망하겠네요.
J 아내가 더 실망할거야.
S 안됐네요. 어쨌든 서둘러야겠어요. 5일밖에 안 남았잖아요.

1 you can say that again

A : I was stubborn as a kid. 어릴 때부터 난 고집이 셌어.
B : **You said it!** 네 말이 맞아.

A : Let's go home. 집에 가자.
B : **You said it!** 그러자!

You can say that again은 상대의 말에 동의할 때 네 말이 맞아, 내말이 그말이야라는 뜻으로 쓰인다. 유사표현으로 You said it, You're telling me, That's it이 있다.
You said it은 상대의 제안에 그러자고 응할 때도 쓰이는 미국식 구어체이다.

2 eat out

- Do you fancy **eating out** tonight?
  오늘밤 외식하고 싶지 않으세요?

eat out은 집이 아니라 레스토랑에서 식사하는 것을 말한다. 즉 **외식하다**라는 뜻이다. 유사 표현으로 go out to eat이 있다.

3 I' m afraid

- Excuse me, but **I'm afraid** this is a non-smoking area.
  실례합니다만 이곳은 금연 구역인데요.
- Don't **be afraid to** ask for help.
  주저 마시고 도움을 청하세요.
- Luke **is afraid of** going to bed in the dark.
  루크는 불을 끈 채 잠자는 걸 무서워한다.

I'm afraid 다음에 절(주어 + 동사구문)이 나오면 **~라고 생각한다**란 뜻이다.
be afraid to + **동사 원형**은 주저하거나 꺼리는 일을 표현할 때 쓰이고 be afraid of + **동명사**는 무서워하거나 두려워하는 일을 표현할 때 쓰인다.

③ 날씨와 계절 WEATHER AND SEASONS

It's snowing

How's the weather?
It's boiling hot
It's been raining cats and dogs
The weather report said~
Partly cloudy with rain

Track-3

WARMING UP

It's snowing

George Look outside, Sandra. It's snowing!
Sandra Doesn't it look so lovely?
George Yes. They look like cotton balls!
Sandra It's a white Christmas!

WORD

outside 밖에　snow 눈, 눈이 내리다
lovely 사랑스러운　cotton 면, 목화

G 밖을 내다봐, 산드라. 눈이 내려!
S 너무 아름답지 않니?
G 그래. 마치 목화 솜 같아!
S 화이트 크리스마스야!

A — Come on in, Jack.
B — Thanks. It's really cold out today.
어서 들어와, 잭.
고마워. 밖이 많이 추워.

A — What's your favorite season?
B — I don't have a favorite. I like them all.
어느 계절을 제일 좋아해요?
그런 건 없구요. 사계절 모두 좋아해요.

A — Autumn is my favorite season.
B — Summer is mine.
계절 중에 가을을 제일 좋아해요.
난 여름이 좋아요.

A — The autumn leaves are starting to fall.
B — Better get your rake out. It's time to rake leaves.
가을 잎이 떨어지기 시작했어.
갈퀴로 쓸어모으는 게 좋겠어. 낙엽 치울 때잖아.

Q 우리말로 **"오바이트한다"**는 말을 씁니다. 맞는 영어인가요?

A overeat는 과식하다라는 뜻입니다. 하기야 너무 많이 먹다보면 구토할 수도 있겠지만 그래도 잘못된 영어인 셈입니다.
구토하다는 영어로 vomit이라고 합니다. 멀미 봉지는 motion sickness bag, barf bag이라고 합니다. barf는 토하다는 뜻의 속어입니다.

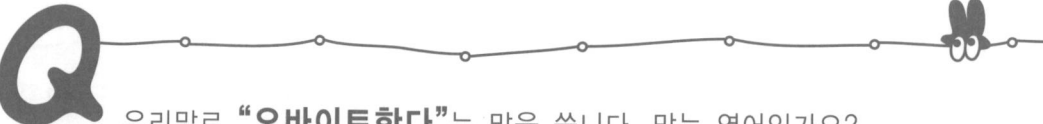

DIALOGUE 1 Track 3

HOW'S THE WEATHER?

날씨 어때요?

Sandra **George, how's the weather[1]?**

George **It's so warm that I'd like to take the afternoon off[2] and go to the pool.**

Sandra **Oh, really? I didn't know that because I slept all morning.**

George **Nice weather. Couldn't be better[3].**

S 조지, 날씨 어떠니?

G 정말 따뜻해서 오후시간에 일하지 말고 수영장에나 갔으면 좋겠다.

S 정말이야? 오전 내내 잠자서 몰랐어.

G 날씨 좋아. 더할 나위 없이 말야.

1 How's the weather?

- **How's** your ankle this morning?
  오늘 아침 발목은 괜찮아?
- **How** was the match?
  시합 어땠어?
- The class teaches students **how to** plan a budget.
  그 수업은 학생들에게 예산 짜는 방법을 가르쳐준다.

How's the weather?는 날씨 어떠니?라는 의미로서 What's the weather like?와 같은 표현이다. how가 있을 때는 like가 들어가지 않지만 what을 쓸 때에는 like가 들어간다는 것을 주의해야한다. 왜냐하면 how에 이미 like의 의미가 포함되어 있기 때문이다.

how는 의문사/부사, 접속사로 쓰인다. 의문사 how는 **방법, 가격, 건강, 안부, 견해/평가**를 물을 때 쓰인다. 접속사로서 how는 문장/절을 연결해주는 역할을 한다.

2 take ~ off

- I was so ill that I had to **take** a few days **off**.
  너무 아파서 며칠 쉬어야했다.
- His face **took on** a worried look.
  그의 얼굴에 걱정스런 표정이 어렸다.
- **Put on** your coat before you go outside.
  밖에 나가기 전에 코트를 입어라.

take something off는 어떤 특정한 날이나 시간 동안 일이나 공부에서 벗어나 휴식을 갖는 것을 의미한다. 병가를 내서 며칠을 직장이나 학교에 가지 않을 때도 이런 표현을 쓴다.

또한 take off에는 이외에도 옷이나 모자와 같은 몸에 걸치고 다니는 것들을 **벗다**라는 뜻도 있다. 이런 뜻인 경우 반대말은 put on 옷을 **입다**이다. 반면 take off의 반대말로 착각하기 쉬운 take on은 **고용하다** employ, **~한 모습을 띠다**, **~을 떠맡다** undertake는 뜻이다.

3 Couldn't be better

Couldn't be better는 더 **좋을 수 없다**, 즉 **더할 나위 없다**는 뜻으로 매우 만족스럽다는 견해를 표현할 때 쓰인다. Couldn't be worse는 더 **나쁠 수 없다** 즉, **가장 최악의 상황이다**라는 뜻이 된다.

DIALOGUE 2

IT'S BOILING HOT

날씨가 푹푹 찌네요

Kelly It's really hot today, **isn't it**[1]?

Andy It sure is. **It's boiling hot**[2].

Kelly I can't work. I just want to go to sleep.

Andy **I feel the same way**[3], but we have to work.

Kelly I guess I'll **go buy a coke**[4].

Andy Pick one up for me, **will you**[1]?

K 오늘 정말 덥네요. 그렇죠?
A 정말 그래요. 거의 찜통이네요.
K 일이 안돼요. 잠이나 잤으면 좋겠어요.
A 저도 마찬가지에요. 하지만 일해야 하잖아요.
K 콜라나 하나 사러 가야겠어요.
A 제 것도 하나 부탁드려요.

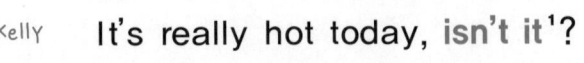

1 isnt' it? / will you?

It's really hot today, isnt'it?의 isn't it?과 Pick one up for me, will you?의 will you?는 부가의문문인데 이는 문장의 꼬리에 붙은 의문문이라 해서 생겼다. 상대에게 자신이 한 말을 확인하고자 할 때 쓰인다.
문장이 be동사이면 be동사로 조동사이면 조동사로 일반 동사이면 do동사로 바꿔준다. 그리고, 긍정은 부정으로 부정은 긍정으로 바꾼다. 또한 명령문이면 will you로 Let's 문장이면 shall we로 부가의문문을 붙여준다.

2 It' s boiling hot

- The way they treat those people **makes our blood boil.**
  그들이 저 사람들을 다루는 방식이 우리를 화나게 한다.
- I was **boiling** with rage.
  나는 화가 나서 부글부글 끓었다.

It's boiling hot은 여름의 찜통 같은 무더위를 묘사할 때 쓰며 It's steaming이란 표현도 함께 쓸 수 있다. boil은 **끓다, 끓이다**라는 뜻이고, steam은 **증기, 찌다**는 뜻이다. It's boiling은 날씨뿐만 아니라 화가 잔뜩 난 모습을 나타낼 때도 쓰인다.

3 Me, too와 Me, either

- The food was excellent and the service was good **too.**
  음식도 훌륭했으며 서비스 또한 훌륭했다.

A : I don't like sandwiches. 난 샌드위치가 싫어.
B : **Me, either.** 나도 그래.

I feel the same way는 동감임을 표현할 때 쓰인다. 간단하게 So do I 혹은 Me, too라고 해도 된다. 하지만 이전 문장이 부정문인 경우에는 Me, either(Neither do I) 라고 해야 옳다. 부정문에서는 too, also, as well이 아니라 either라 해야 한다.

4 go buy a coke

- Go and **help wash** up.
  가서 빨래를 거들어라.

go buy a coke를 보면 의아해 할 수 있다. 동사가 겹쳐있으니 말이다. 본래 go to buy a coke가 되겠지만 일상회화에서 to는 흔히 생략된다. go to buy a coke라고 해도 되고 go and buy a coke라고 해도 되며 go buy a coke라고 해도 된다. 이밖에 동사를 겹쳐 쓸 수 있는 경우는 준사역동사인 help이다.

DIALOGUE 3 Track 3

IT'S BEEN RAINING CATS AND DOGS

비가 억수같이 내렸어요

Sandra Can you believe the weather we[1]'ve been having recently?

George I know what you mean! It's been raining cats and dogs[2].

Sandra I just heard the forecast. It's supposed to[3] stop raining sometime tomorrow.

George I hope they are right.

Sandra It would be nice to see some sunshine.

S 요즘 날씨 정말 이상했지?

G 글쎄 말이야! 비가 억수로 내렸잖아.

S 일기예보를 막 들었어. 내일쯤이면 비가 그칠 거래.

G 일기예보가 들어맞았으면 좋겠다.

S 햇빛 좀 봤으면 좋을 텐데.

1 we

- **We**'ll have business report tomorrow.
  내일은 실적 보고가 있습니다.
- Shall **we** have a cup of coffee, Ted?
  테드, 우리 커피 한 잔 할까?
- Do **we** have the right to destroy the planet?
  우리에게 과연 지구를 파괴할 권리가 있는가?

날씨를 표현할 때는 대개 비인칭 주어 it를 사용한다. 하지만 이 문장처럼 we로 표현하기도 한다.
우선 we는 나(I)가 확장된 복수 개념인 우리이다. 더불어 기자가 자신의 글 속에서 독자를 말할 때 we를 쓴다. 또한 왕이나 여왕이 공식적으로 자신을 가리킬 때도 we를 쓴다. 루이 14세가 짐은 곧 국가다라고 말한 짐을 말한다. 그리고 they나 people과 더불어 일반적인 사람들을 가리킬 때도 쓰인다.

2 It' s raining cats and dogs

비가 억수같이 내린다고 할 때 It's raining cats and dogs라고 한다. 고양이와 개가 비 내리는 것과 무슨 관련이 있는지 그 정확한 배경은 알려져 있지 않다. 다만 앙숙인 고양이와 개가 격렬하게 싸우는 모습이 퍼붓듯이 비가 내리는 것과 비슷해서가 아닐까하는 추측뿐이다.
비가 심하게 내린다는 표현은 이 표현 외에 It's heavily raining이나 It's pouring with rain을 쓸 수 있다. 비rain와 관련된 격언proverb을 하나 알려준다면 It never rains but it pours(When it rains, it pours)가 있다. 비가 억수같이 내린다는 직역으로 쓰일 수도 있고 안 좋은 일은 겹쳐서 일어난다는 의미로까지 확장할 수 있다.

3 be supposed to

- The meeting **was supposed to** take place on Thursday.
  회의는 목요일에 열릴 예정이었다.
- We'**re not supposed to** smoke here.
  여기서 담배를 피우면 안 된다.

~하기로 예정되어 있다 혹은 ~해야 한다(규칙상)를 나타내고자 할 때 쓰이는 아주 유용한 표현이니 열심히 활용해보도록.

DIALOGUE 4 Track 3

THE WEATHER REPORT SAID~

일기예보에서 ~라고 했어

Kelly It rained, so all our **preparations**[1] for the picnic were **for nothing**[2].

Andy **That's the way it goes**[3].

Kelly The weather report **said**[4] that today would be a mild and sunny day.

Andy You know the weatherman is always wrong.

Kelly I can't really trust the weather forecast.

Andy Maybe you'll have better luck next time.

K 비가 와서 피크닉 준비가 엉망이 되었어.
A 어쩔 수 없지 뭐.
K 일기예보에서 오늘 날씨가 포근하고 해가 날 거라고 했었어.
A 일기예보란 게 늘 빗나가잖아.
K 일기예보를 정말 믿을 수 없어.
A 다음엔 갈 수 있을 거야.

1 preparation

- Plans for the new school are now **in preparation.**
  지금 새로운 학교 설립 계획이 준비중이다.
- The army is **making preparations** for a full-scale invasion.
  군은 전면적인 침략을 위해 준비하고 있다.

preparation은 prepare의 명사이다. **준비**란 뜻으로 보통 셀 수 없는 명사로 쓰인다. 하지만 어떤 상황을 위한 세부 계획을 얘기할 때는 복수로 쓰인다.

2 for nothing

- She knows the club manager so we always get in **for nothing.**
  그녀가 클럽 지배인을 알고 있어서 우리는 항상 공짜로 들어간다.
- They don't call him Babyface **for nothing.**
  그들이 그를 베이비페이스라고 부르는 데는 이유가 있다.

for nothing은 기본적으로 두 가지 의미를 가지고 있다. 첫째는 **공짜로**, **무료로**란 뜻이다. 두 번째는 **특별한 이유 없이** 혹은 **쓸데없이**란 뜻이다. 여기서는 후자에 가깝다.

3 That' s the way it goes

- The party **went** well.
  파티는 잘 치렀다.
- **The way things are going**, we're going to miss the bus.
  되어 가는 상황을 보아하니 버스를 놓칠 것 같아.

사는 게 다 그렇지 뭐란 뜻이다. 여기서 go는 happen일어나다, 발생하다의 의미이다. 유사한 표현으로 That's the way the cookie crumbles, That's the way the ball bounces가 있다.

4 say

- The workers had no **say** in how the factory was run.
  공장이 어떻게 운영되는지에 대해서 근로자들은 아무런 발언권이 없었다.

say는 **말하다**는 뜻의 동사이다. ~라고 쓰여있다고 할 때도 say를 쓴다. 문장 중에 삽입되어 **가령**, **예를 들면**이란 뜻으로 쓰이는 경우도 있다. 명사로 쓰일 때는 **발언권**이란 뜻이 된다.

DIALOGUE 5 Track 3

PARTLY CLOUDY WITH RAIN

부분적으로 흐리고 비가 내림

Jesse Susan, **what's the weather forecast for tomorrow**[1]?

Susan Partly cloudy with rain in the afternoon.

Jesse Oh, my goodness. **There goes**[2] our trip to the beach.

Susan We can still go. I don't **mind**[3] swimming in the rain.

Jesse But I wanted to get a suntan.

Susan Let's go in the morning – maybe you can get a tan then.

J 수잔, 내일 일기예보가 어때요?
S 오후에 부분적으로 흐리고 비가 올 거래.
J 오, 이런. 해변에 가기로 했는데.
S 그래도 갈 수 있어요. 빗속에 수영해도 상관 없어요.
J 하지만, 선탠을 하고 싶었는데.
S 그럼 아침에 가요. 그러면 선탠할 수 있을 거에요.

1 The weatherman says ~

What's the weather forecast for tomorrow?는 내일 날씨 어떻대요?란 의미이다. 오늘 일기예보에서 뭐래요?라고 물을 때는 What's the forecast for today?라고 하며, 이번 주 일기예보는 어때요?라고 물을 때는 What's the weather report for this week?라고 한다. 시간을 나타내는 말 앞에 전치사 for를 쓴다는 것에 유의하기 바란다.
이렇게 날씨를 물어보는 표현에 대한 대답은 The weather report says~ 일기예보에서 ~라고 했어, The weatherman says~ 일기예보관이 ~라고 말했어로 시작한다.

2 There goes ~

- **There** seems to be **some** mistake.
  뭔가 잘못된 것 같다.
- **There** was **a** loud crash as the clock fell to the floor.
  벽시계가 바닥에 떨어지면서 깨지는 소리가 크게 났다.

There goes our trip to the beach에서 진짜 주어는 our trip이다. 즉 주어가 뒤로 도치되고 유도부사 there이 주어처럼 문두에 나온 경우이다. 진짜 주어가 불확실할 경우, 즉 부정관사 a나 some, any로 시작하는 주어인 경우에 there을 주어로 내세울 때가 많다.

3 mind

- I've changed my **mind** - I'll have a beer instead.
  마음을 바꿨어. 대신 난 맥주로 하겠어.

mind는 꺼려하다는 뜻을 가진 동사이다. 타동사로서 목적어는 동명사를 받는다. 즉 명사구나 동사의 ing형을 목적어로 취한다.
mind는 동사 이외에도 정신, 마음, 지성, 주의집중, 견해라는 뜻의 명사이기도 하다.

Would you mind opening the window? 창문을 열어도 되겠습니까?

(긍정) No, of course not 창문을 열어도 좋습니다. (아니오, 꺼려하지 않습니다.)

(부정) Yes, I do 창문을 열지 말아 주십시오. (네, 꺼려합니다.)

④ 소개와 신상

INTRODUCTION AND IDENTIFICATION

Nice to meet you

George, this is Kelly
I'd like to introduce myself
It's my pleasure to bring you face to face
May I ask your name?
Don't I know you from somewhere?

Track-4

WARMING UP

Nice to meet you

George I don't think we've met before.
I'm George McLuhan.

Sandra Hi, George. I'm Sandra Brown.

George Nice to meet you, Sandra.

Sandra Nice to meet you, too.

WORD

before 전에
meet 만나다 meet - met - met too 또한

G 우린 전에 뵌 적이 없는 것 같군요.
제 이름은 조지 맥루한입니다.

S 안녕하세요, 조지. 전 산드라 브라운이에요.

G 만나서 반가워요, 산드라.

S 저도 반가워요.

A – How do you do?
B – Nice to meet you.
처음 뵙겠습니다.
만나서 반갑습니다.

A – This is my co-worker, Lana.
B – Hi, Lana.
내 동료 라나야.
안녕, 라나.

A – This is my best friend, Sam.
B – Hi, Sam. John told me a lot about you.
내 친한 친구, 샘이야.
안녕, 샘. 존한테 얘기 많이 들었어.

A – My name is Jack. I'm from the United States.
B – Nice to meet you, Jack.
제 이름은 잭이에요. 미국에서 왔어요.
만나서 반가워요, 잭.

Q **"팔방미인"**을 영어로 뭐라고 하나요?

A 두 가지가 있습니다. 정신적으로 여러 분야에 대해 많은 지식과 교양을 갖추고 있는 사람은 Renaissance man, 육체적으로 여러 가지 기술을 가진 사람을 가리킬 때는 Jack-of-all-trades라고 합니다.
Jack-of-all-trades에서 Jack은 육체노동을 하는 노동자를 의미하고 trade는 업종을 뜻하는 말이지요.

DIALOGUE 1 Track 4

GEORGE, THIS IS KELLY

조지, 이분이 켈리에요

Sandra George, this is Kelly. Kelly, this is George.

George It's **a pleasure**[1] to meet you Kelly. Andy has **spoken very highly of**[2] you.

Kelly Thank you for saying so. It's nice to meet you.

George **I'll leave you two to get acquainted**[3].

S 조지, 이 분이 켈리에요. 켈리, 이 분이 조지에요.
G 반갑습니다. 앤디가 당신 칭찬을 많이 했어요.
K 그렇게 말씀하시니 감사합니다. 만나서 반가워요.
G 그럼 두 분 말씀 나누세요.

1 pleasure

Small gifts give **pleasure** and don't cost much.
조그마한 선물은 즐거움을 선사하면서도 돈이 별로 들지 않는다.

It's been **a great pleasure** to meet you.
당신을 만나서 매우 즐거웠습니다.

pleasure는 please 남을 즐겁게 하다의 명사형이다. pleasure는 두 가지 의미를 가진다. 하나는 **행복이나 만족이라는 감정**(enjoyment)이고 또 하나는 **즐거웠던 경험**(enjoyable experience)이다. 전자의 의미인 경우는 셀 수 없는 명사로 쓰이지만 후자는 셀 수 있는 명사로도 쓰이고 셀 수 없는 명사로도 쓰이므로 주의해야한다.
대화문에서처럼 **만나서 기쁘다**고 할 때는 이렇게 만나는 게 내겐 즐거운 경험이라고 말하는 것이기 때문에 후자의 뜻에 해당한다. 따라서 **부정관사** a를 쓸 수 있는 것이다.

2 speak highly of ~

speak highly of somebody (praise)는 **~을 높게 말하다**, 즉 **크게 칭찬하다**, **격찬하다**의 의미이다.
think highly of somebody (respect)는 **~을 높게 생각하다**, 즉 **~을 존중하다**, speak ill of somebody (criticize)는 **~을 나쁘게 말하다** 즉, **남을 헐뜯다**, **비난하다**란 의미가 된다.

3 leave ~ alone

- **Leave me alone.**
  날 혼자 내버려둬.
- Liz **left no stone unturned** in her search for the ring.
  리즈는 반지를 찾으려고 샅샅이 뒤졌다.

leave ~ **형용사**(혹은 동사의 과거분사형)와 같은 표현은 **누구** 혹은 무엇**를 어떤 상태로 놔두다**의 의미이다. 형용사 대신에 위 문장처럼 get + **동사의 과거분사형**을 집어넣어도 된다.
be acquainted with somebody 는 몇 번 만난 적이 있어서 **그 사람을 알고 있다**의 의미이며, be acquainted with something 은 보거나 읽거나 사용한 적이 있어서 **무언가를 알고 있다**의 의미가 된다.

DIALOGUE 2 Track 4

I'D LIKE TO INTRODUCE MYSELF

제 소개를 할게요

Kelly **I'd like to introduce myself**[1]. I'm Kelly James.

Andy It's a pleasure to meet you. I'm Andy Turner.

Kelly Are you **enjoying**[2] the party, Mr.Turner?

Andy Please call me Andy. Yes, it's a lovely party.

Kelly You sure do look familiar. Haven't we met before?

Andy **Not that I remember**[3].

K 제 소개를 할게요. 저는 켈리 제임스입니다.
A 만나서 기쁩니다. 저는 앤디 터너입니다.
K 터너씨, 파티가 즐거우세요?
A 그냥 앤디라 부르세요. 예, 멋진 파티입니다.
K 당신은 확실히 낯익어 보여요. 전에 우리 만난 적 없나요?
A 제가 기억하기로는 없는데요.

1 I' ll tell you about myself

- Have you two been **introduced**? Tom, this is Greg.
  두 분 서로 인사하셨어요? 톰, 이분은 그렉이야.

I'd like to introduce myself 혹은 Let me introduce myself to you는 자기 소개의 가장 전형적인 표현이다. 하지만 꼭 이렇게 정형화된 표현을 쓸 필요는 없다. 간단히 I'll tell you about myself 저에 대해 얘기할게요나 단도직입적으로 Hi, my name is Jane 안녕, 내 이름은 제인이야이라고 해도 된다. Hi로 시작하는 소개는 또래의 사람들과 가볍게 인사할 때에나 쓸 수 있다.

2 enjoy

- He **enjoys travelling** very much.
  그는 여행을 매우 즐긴다.
- She decided to **enjoy herself** at the party.
  그녀는 파티에서 재미있게 놀겠다고 결심했다.
- Here's your steak - **enjoy**!
  여기 스테이크 나왔습니다. – 맛있게 드세요!

아주 우리말처럼 굳어진 엔조이와 영어로서 enjoy는 의미가 다르다. enjoy는 향유하다라는 의미이다. 하지만 우리 나라에서 엔조이라고 할 때는 거의 쾌락의 의미에 가깝다. 의미 차이에 주목하길 바란다.

enjoy가 목적어를 취할 때는 명사 상당어구를 취한다. 즉, to부정사가 아닌 동명사를 목적어로 취한다. enjoy oneself라는 숙어는 즐겁고 행복한 경험을 표현할 때 쓰이며 즐겁게 놀았다라고 해석한다.

3 Not that I remember

A : Andrew didn't phone today, did he?
오늘 앤드류한테 걸려온 전화 없지?

B : **Not that I know of.**
내가 알기로는 없어.

Not that I remember는 내 기억으로는 만난 적이 없다라는 뜻이다. 이런 형태의 또 다른 문장으로는 Not that I know of 내가 알기로는 없어가 있다. 둘 다 이전 문장에 대한 대답이다.

DIALOGUE 3 Track 4

IT'S MY PLEASURE TO BRING YOU FACE TO FACE

두 분을 만나게 해드려서 저도 기뻐요

Sandra George, this is Andy.

George **I feel as though[1]** I already know you.

Sandra You should. The two of you have been talking on the phone for months.

Andy How nice to meet you, George.

George My pleasure, Andy.

Sandra It's my pleasure to bring you **face to face[2] at long last[3]**.

S 조지, 이분이 앤디야.
G 아는 사람인 것 같은 기분이 드네요.
S 그럴 만도 하지. 둘이서 몇 달 동안이나 전화통화를 했으니까 말야.
A 반가워요, 조지.
G 저도 반가워요, 앤디.
S 드디어 두 분을 만나게 해드려서 저도 기뻐요.

1 as if / as though

- He looks as if he'**s** rich.
  그는 부자로 보인다.
- She talks as if she **were** rich.
  그녀는 자기가 부유한 양 말한다.

as if와 as though는 같은 의미이다. as if 앞은 주절이 되며 as if 다음은 종속절이 된다. 마치 ~인 것처럼 ~하다라고 해석한다. 종속절에는 현재 동사와 과거 동사 모두가 올 수 있다. 하지만 현재의미가 내포된 과거 동사가 올 때도 있다.
위의 두 문장을 비교하면 잘 알 수 있을 것이다. 첫째 문장은 그가 부자인 게 거의 확실한 경우이다. 하지만 두 번째 문장은 그녀가 부자가 아닌 게 확실한 경우이다. 그녀는 부자도 아니면서 부자인 양 말한다는 것이다.

- She talks as if **she were** rich.
- It **looks like** it's going to rain.

비현실적인 상황을 as if절에서 가정할 때 종속절의 be 동사는 인칭 수에 관계없이 were를 쓴다는 걸 잊지 말아야겠다. 미국 구어체에서는 as if/though 보다는 like가 더 많이 쓰인다.

2 face to face

- This was the first time I'd ever **come face to face** with poverty.
  가난과 직접 맞부딪친 것은[실감한 것은] 이번이 처음이었다.

face to face는 얼굴과 얼굴이 만나는 것이다. 즉 직접 대면하는 것을 일컫는다. meet ~ face to face가 바로 그런 의미이며, come face to face with~ 은 직접 누구/무언가와 맞닥뜨리다란 뜻이다.

3 at last

- I'm pleased to hear that you are out of hospital **at last**.
  드디어 퇴원했다는 얘길 들으니 기쁘구나.

at last는 오랜 기다림과 노력 후에 드디어란 의미가 있다. 단순히 결과를 얘기할 때 쓰이는 eventually와 달리 at last는 현재 상황과 관련해서 많이 쓰이며 안도의 감정을 표현한다.

DIALOGUE 4 Track 4

MAY I ASK YOUR NAME?

성함을 물어봐도 될까요?

Kelly I'm Kelly James from the London office.

Andy Of course. Good afternoon, **Ms.James**[1]. **We've been expecting you**[2].

Kelly I know. I'm sorry, my limousine was stuck in traffic.

Andy The traffic is always terrible in New York.

Kelly May I ask your name?

Andy Certainly. I'm Andy Turner from Marketing.

K 런던 지부의 켈리 제임스입니다.

A 그러시겠지요. 안녕하세요, 제임스 양.
모두 기다리고 있었습니다.

K 알아요. 죄송합니다. 리무진이 교통 때문에 꼼짝도 못했습니다.

A 뉴욕 교통 상황이야 늘 끔찍하죠.

K 성함을 물어도 되나요?

A 물론이죠. 마케팅 부서의 앤디 터너입니다.

1 Ms, Mr

1960년대 서구에서 일어난 페미니즘 Feminism 의 영향으로 기혼녀와 미혼녀를 구분해서 부르던 Mrs와 Miss를 Ms 하나로 통일해 부르기 시작했다. 남자인 경우 기혼남 미혼남 관계없이 Mr 하나로 불리는 것에 대한 동등한 조치라 할 수 있겠다.
남녀평등을 위시해서 직업명이 몇 가지 변했다.

steward / stewardess → flight attendant

salesman / saleswoman → salesperson

2 expect

- No one **expected** the President to resign.
  누구도 대통령이 사임할 거라고 생각하지 못했다.
- We **expected** that the hotels in London would be very expensive, and we were right.
  런던에 있는 호텔이 비쌀 거라고 생각했는데 그게 옳았다.
- Her husband doesn't like travelling so I **expect** she'll come on her own.
  그녀의 남편이 여행을 좋아하지 않는 걸 보니 내 생각에 그녀 혼자 올 것이다.
- I'm **looking forward to** your visit.
  당신이 방문하기만을 학수고대하고 있습니다.

보통 expect는 기대하다, 예측하다란 뜻을 가지지만 여기서는 be waiting for 도착하기를 기다리다의 의미이다.
expect는 3형식주어 + 동사 + 목적어 문장과 5형식주어 + 동사 + 목적어 + 목적보어 문장에서 쓰인다. 3형식인 경우 목적어는 명사 상당어구나 to부정사, that절을 취한다. that절을 취할 때는 think 생각하다와 마찬가지 뜻이 된다. 5형식인 경우 목적보어는 당연히 to부정사를 취한다.
고대하다란 뜻의 look forward to는 expect와 바꿔 쓸 수 없다. look forward to는 미래에 일어날 일에 대한 기쁨과 흥분을 표현할 때 쓰인다. expect와 hope도 잘 구별해야 한다. expect는 어떤 일이 일어날 거라는 데에 이유가 있을 경우에 쓰이며 hope는 소망을 표현할 때 쓰인다.

DIALOGUE 5 Track 4

DON'T I KNOW YOU FROM SOMEWHERE?

당신을 어디에서 뵌 것 같은데요

Jesse Excuse me, but **don't I know you**[1] from somewhere?

Susan No, **I don't think so**[2].

Jesse Sure. Don't you work at the bank on Main Street?

Susan No, I'm afraid not. You must have confused me with somebody else.

Jesse Oh, I'm sorry. I guess I made a mistake.

J 실례합니다만 당신을 어디에서 뵌 것 같은데요.
S 아니오, 전 모르겠는데요.
J 확실해요. 메인 스트리트에 있는 은행에 근무하지 않나요?
S 아닌데요. 다른 사람과 착각하신 것 같네요.
J 아, 죄송합니다. 제가 실수를 했나 봐요.

1 Don't I know you?

- **I saw him from somewhere**. His daughter is on the same baseball team as my son.
  어딘가서 그를 보았어요. 그 사람 딸이 내 아들이랑 같은 야구팀에 있군요.

길에서 아는 듯한 사람을 만나고 아는 척을 할 때 **저 모르세요?**라고 물어본다. 영어로는 Don't I know you?라고 한다. I 저와 You 당신가 바뀌었음에 주의한다. Haven't we met before? 우리가 언제 만난 적이 있지 않나요? 라고도 할 수 있다. 그런데, Don't I know you?와 Haven't we met before?는 공통적으로 부정의문문을 사용했다. 이는 완전한 확신이 없어서 확신 반, 의심 반으로 물어보는 것이기 때문에 해석할 때 **저 모르세요?**보다는 **혹시 저 모르세요?**라고 해주는 게 훨씬 자연스럽다.

2 I don't think so

① [주어 + 동사 + not]

A : Will it rain? 비가 올 것 같아?

B : **I hope not.** 안 왔으면 좋겠어.

② [주어 + do not + 동사 + so]

A : You won't be here tomorrow. 넌 내일 못 오겠지?

B : **I don't suppose so.** 아마도 그럴 것 같아.

앞의 문장이나 상대의 말(that 절)을 똑같이 반복하는 대신에 so를 쓴다. 가장 잘 쓰이는 이런 표현으로는 hope so, expect so, believe so, imagine so, suppose so, guess so, reckon so, think so, be afraid so가 있다. 이런 식으로 부정문을 만드는 데에는 위의 두 가지 방법이 있다.

한 가지 주의할 점은 hope와 be afraid는 첫째 방법으로만 쓰이며 think는 두 번째 방법으로만 쓰인다는 것이다. 즉 I don't hope so, I'm not afraid so, I think not은 잘못된 문장이다.

⑤ 초대와 방문 visits and invitations

Would you join me for dinner?

I'd like to invite you to a party
You're invited
Can I get you something to drink?
Make yourself at home
Thank you for inviting me

Track-5

WARMING UP

Would you join me for dinner?

George Would you join me for dinner tonight?
Sandra That would be very nice.
George I know a good Chinese restaurant near here.
Sandra That sounds terrific. I love Chinese food.

WORD

join ~와 함께 하다 dinner 저녁식사, 정찬
Chinese 중국의, 중국인 terrifics 멋진

G 오늘 저녁 같이 하실래요?
S 정말 좋죠.
G 근처에 괜찮은 중국 식당을 알거든요.
S 멋지네요. 전 중국 음식 좋아해요.

A — We're having a housewarming party, and you're invited.
B — Great. When is it?
집들이 파티를 하는데 너도 초대할게.
좋아. 언제인데?

A — Why don't we eat out tonight?
B — Let me treat you to dinner.
오늘 밤 외식하지 않을래요?
제가 저녁 대접할게요.

A — Can you come over to my place for dinner?
B — I have another appointment.
식사하러 저희 집에 오시겠어요?
선약이 있습니다.

A — Can you come to dinner at our house next Friday evening?
B — Sorry but I won't be able to make it that day.
다음 주 금요일 저녁에 저희 집에 식사하러 오지 않겠어요?
미안하지만 그날은 안 될 거에요.

Q XYZ를 왜 **"지퍼가 열렸군요"**라고 하나요?

A XYZ는 Examine your zipper라는 말을 약자로 만든 것입니다. 즉 지퍼가 열렸으니 점검하시오라는 뜻이지요. 하지만 이 말은 어른들 사이에서는 거의 쓰지 않고 어린아이들 사이에서나 쓰이는 표현입니다. Your fly is unzipped 지퍼가 열렸군요라는 표현도 있습니다. fly는 바지의 단추, 지퍼라는 뜻입니다.

DIALOGUE 1 Track 5

I'D LIKE TO INVITE YOU TO A PARTY

파티에 당신을 초대하고 싶어요

Sandra **Are you free**[1] next Friday night? I'd like to invite you to a party at my house.

George That sounds great! What kind of party is this?

Sandra A group of my friends are getting together to have **some**[2] drinks and listen to some music.

George What time should I be there?

Sandra How about eight?

George See you then.

S 다음 주 금요일 밤에 한가해요? 우리 집에서 파티를 하는데 당신을 초대하고 싶은데요.
G 멋지네요! 어떤 종류의 파티에요?
S 친구들 몇 명과 함께 마시면서 음악을 듣는 파티에요.
G 몇 시에 가면 되죠?
S 8시면 어떨까요?
G 그럼 그때 봐요.

1 Are you free?

- **Feel free to** ask questions.
  자유롭게[주저 말고] 질문하세요.
- The snacks are **free**, but you have to pay for the beer.
  과자는 공짜이지만 맥주 값은 내야 한다.
- I don't have enough **free** time during the week.
  주중에는 여유가 별로 없다.

Are you free?는 **시간 있나요?** 혹은 **한가하세요?**라는 뜻으로서 만남을 약속하기 전에 상대방에게 묻는 질문이다. Do you have time? 시간 있으세요?과 마찬가지 뜻이다.

free의 기본 뜻은 **한가한, 자유로운**이다. 하지만 for nothing, 즉 **공짜**의 의미도 갖고 있다. 그밖에 **~이 들어있지 않은, ~를 면제받은**이란 뜻이 있다. 즉, salt-free는 **소금이 안 들은**이란 뜻이며 tax-free와 duty-free는 **세금 없는, 면세의**란 뜻이다. free from은 **~이 없는**(without)이란 뜻이다.

2 some, any

- Would you like **some more beer**? 물질명사
  맥주 더 하실래요?
- There's **hardly any** vodka left. hardly는 부정어
  보드카가 거의 남아 있지 않다.
- She's living in **some village** in Yorkshire. 미지의 마을
  그녀는 요크셔에 있는 어떤 마을에 살고 있다.

some과 any는 한정사 determiner 로서 셀 수 없는 명사와 복수 명사 앞에 위치한다. 하지만 미지의 사물이나 사람을 가리킬 때에는 예외적으로 단수 명사 앞에 위치할 때도 있다. 다른 한정사나 대명사가 붙어 있는 경우에는 some of와 any of를 쓴다. 특정 물건이나 상황보다는 불특정 물건이나 상황을 가리킨다.

some은 긍정문에 쓰이고 any는 의문문과 부정문에 주로 쓰이지만 요구, 제안과 같은 yes의 대답을 기대하는 의문문인 경우에는 some을 쓴다. some과 any는 수나 양 면에서 꽤 작을 때 쓰인다.

DIALOGUE 2 Track 5

YOU'RE INVITED

너도 초대할게

Kelly I hear you're **getting married**[1]. **Congratulations**[2]!

Andy Yes, and you're invited, of course.

Kelly I wouldn't miss it.

Andy The written invitations will be sent out next month.

Kelly I'll **look on**[3] the invitation for date and time.

Andy I hope you can bring your boyfriend, too.

K 결혼한다면서요. 축하해요!

A 물론 당신도 초대할게요.

K 꼭 갈게요.

A 초대장은 다음 달에 보낼거에요.

K 날짜하고 시간은 초대장을 보면 되겠군요.

A 남자친구도 데려오길 바랄게요.

1 marry

- Will you **marry** me?
  저와 결혼해주시겠습니까?
- When are you going to **get married**?
  당신은 언제 결혼할 거에요?
- She **got married to** her childhood sweetheart.
  그녀는 어린 시절 연인과 결혼했다.

marry는 **~와 결혼하다**란 의미라서 with가 뒤따를 것 같지만 marry는 타동사로서 직접 목적어를 취한다. discuss ~와 토론하다, divorce ~와 이혼하다, enter enter는 ~에 들어가다, [enter into는 ~을 시작하다**란 뜻의 숙어**], lack ~이 부족하다, marry ~와 결혼하다, reach arrive at, **~에 도착하다** 등이 주의해야할 타동사이다.
제인은 존과 다음 주에 결혼한다란 뜻의 문장을 만든다면 Jane is marrying John next week과 Jane is getting married to John next week이 될 수 있다. 하지만 구어체에서는 후자의 문장이 쓰인다.

2 Congratulations!

- We **congratulated** him on his success.
  우리는 그의 성공을 축하했다.

Congratulations!는 **축하해요!**라는 뜻의 감탄문이다. 무엇을 축하하는지 그 대상을 언급하고 싶으면 전치사 on을 사용한다. congratulate가 동사로서 **~을 축하하다**란 뜻이다. congratulate oneself on은 **~을 기뻐하다**란 뜻이다.

3 look on[upon] + A as B

- I **look on** him **as** a good friend.
  나는 그를 좋은 친구로 생각한다.

look on[upon] + A as B은 A를 B로 **간주[생각]하다**란 뜻의 숙어이다. 그냥 자동사로 쓰일 때에는 끼어들거나 방해하지 않고 그냥 **~을 구경하다**의 뜻이다.
see는 눈에 들어오는 것을 보는 걸 말하며 look은 주의 집중하여 사물을 볼 때 쓰인다. watch는 look과 비슷하게 쓰이지만 변하고 움직이고 발전하는 양상을 표현할 때 쓰인다. TV를 볼 때는 watch를, 연극이나 영화를 볼 때는 see를 쓴다는 것도 잊지 말아야겠다.

DIALOGUE 3 Track 5

CAN I GET YOU SOMETHING TO DRINK?

마실 것 좀 드릴까요?

Sandra Hi, come on in. I'm glad you could make it. Did you have any problems finding our place?

George No. **Thanks to**[1] the directions you gave me I found it right away.

Sandra Have a seat and make yourself at home. Can I get you something to drink? **Coffee, tea or a soda**[2]?

George A soda sounds great!

S 안녕하세요, 어서 들어와요. 와줘서 고마워요.
집 찾는데 어렵진 않았어요?

G 아니에요. 당신이 준 약도 덕분에 바로 찾을 수 있었어요.

S 편히 앉으세요. 마실 것 좀 드릴까요? 커피, 차, 아니면 소다수?

G 소다수로 주세요!

1 thanks to

- **Thanks to** the warm Autumn, our fuel bills have been very low. 긍정적
  가을이 따뜻한 덕분에 난방비가 적게 들었다.
- **Thanks to** your big mouth, she knows all about it. 부정적
  네 수다 덕분에 그녀가 모든 걸 알게 됐어.

thanks to는 ~덕분에란 의미로서 긍정적인 뉘앙스와 더불어 상대를 비난하는 부정적인 의미도 있다. 여기서 to는 전치사이기 때문에 뒤에 명사가 뒤따른다. owing to, due to, because of가 유사 어구이지만 앞의 두 구는 공식적인 글에서 쓰이며 because of는 thanks to와 함께 구어체에서 주로 쓰인다. 이 중에서 owing to는 be동사 다음에 쓸 수 없다.

2 A, B, or C?

- Is it **London, Paris or Rome** where you first met her?
  네가 그녀를 처음 만나 곳이 런던, 파리, 로마 중에 어디야?
- I don't speak **either** French or German.
  나는 프랑스어도 독일어도 못한다.

or는 접속사이다. 세 개중에 어느 것인지 물을 때 A, B, or C?라고 한다. A, B, C는 단어, 어구, 문장 어떤 것도 될 수 있지만 모두 같은 성분으로 일치시켜야 한다. 명령문 + or + 절은 ~해라, 그렇지 않으면 ~할 것이다란 뜻이다. 반면, 명령문 + and + 절은 ~해라, 그러면 ~할 것이다이다.

Proverbs

- Easier said than done.
  말하기는 쉽지만 실행하기는 어렵다.
- Don't count your chickens before they're hatched.
  떡 줄 사람은 생각도 하지 않는데 김칫국부터 마시지 마라.
- Two heads are better than one.
  백지장도 맞들면 낫다.
- Men are known by the company they keep.
  친구를 보면 그 사람을 알 수 있다.
- Nothing ventured, nothing gained.
  모험하지 않고 얻어지는 것은 없다.

DIALOGUE 4 Track 5

MAKE YOURSELF AT HOME

편히 하세요

Kelly Good evening, won't you come in?

Andy Thank you.

Kelly Please **make yourself at home**[1].

Andy I can only stay a few minutes.

Kelly **Do you have time**[2] for a cup of coffee before you **rush off**[3]?

Andy Well, maybe a half a cup, thanks.

K 안녕하세요, 들어오시지 않겠어요?
A 고마워요.
K 쉬다 가세요.
A 잠시만 머무를 수 있어요.
K 가시기 전에 커피 한잔 마실 시간은 있는 거죠?
A 글쎄요, 반잔이면 되겠네요, 고마워요.

히이- 내가 준비한건...
애인대신 맛있는 케익을..

1 make oneself at home

- Sherry said she misses friends and family back **home**.
  쉐리는 친구와 집에 있는 가족들이 그립다고 말했다.
- I think I'll go **home**.
  집에 가야겠어.

make oneself at home은 집에 방문한 손님에게 편히 하세요(relax)라는 의미의 구어체이다. 편하게 느껴지다라고 할 때는 be/feel at home이라고 한다. at home 자체가 편안한 comfortable 의 의미이다.

home은 명사, 부사, 형용사, 동사 모두로 쓰이는 다재다능한 단어이다. Is anybody home? 집에 누구 있어요?에서 보여지듯 미국 구어체에서는 home이 at home의 의미로 쓰인다.

2 Do you have time?

time에 아무런 관사가 없으면 시간이란 의미가 되므로 Do you have time?은 시간 있으세요?란 뜻이 된다.

하지만 정관사 the가 붙게 되면 시각이란 의미이기 때문에 Do you have the time?은 What time is it now?와 동일한 표현이 된다. 외국인이 Do you have the time? 지금 몇 시에요?이라고 물었는데 Do you have time?(Are you free?)으로 착각해서 혹시 오해하는 일이 없도록 하자.

3 off

- Don't forget to turn **off** the lights before you go out.
  나가기 전에 잊지 말고 전등을 끄도록 해라.
- The glass fell **off** the table.
  유리컵이 식탁에서 떨어졌다.

rush off의 off는 있던 자리에서 멀어지는, 접촉에서 떨어지는의 분리의 의미를 가지는 부사이다. 접촉의 의미는 on이 갖고 있다. 그래서 on and off는 때때로란 뜻이 된다.

He got into his car and drove off라고 하면 그는 자기 차에 타서 가버렸다가 된다. off가 전치사나 형용사로 쓰일 때도 분리의 의미를 갖는다. She got off the train이라고 하면 그녀는 기차에서 내렸다가 되며 I'm off today라고 하면 나는 오늘 쉰다라는 뜻이 된다.

DIALOGUE 5 Track 5

THANK YOU FOR INVITING ME

초대해주셔서 고마워요

Jesse Susan, your party was lovely.

Susan I'm **so glad**[1] you enjoyed it.

Jesse Your home is charming. It's so comfortable.

Susan **Thank you**[2].

Jesse Everything was perfect.
Thank you for inviting me.

Susan I enjoyed your **company**[3]

J 수잔, 파티가 정말 좋았어요.
S 즐거웠다니 나도 기뻐요.
J 집이 매력적이에요. 아주 편안하고요.
S 그렇게 말씀하시니 고마워요.
J 모든 게 완벽했어요. 초대해주셔서 고마워요.
S 함께 해서 즐거웠어요.

1 so + 형용사

- I didn't expect the hotels to be **so** busy.
  나는 호텔이 이렇게 북적거릴지는 예상하지 못했다.
- During the summer, all the hotels are **very busy**.
  여름철에는 모든 호텔이 매우 바쁘다.
- The pianist played **so badly that** the audience walked out.
  피아니스트의 연주가 너무 형편없어서 관객들이 나가버렸다.
- I was annoyed with myself for being **such a fool**.
  내가 그렇게 바보스러웠다는 것에 짜증이 났다.

so + 형용사는 **상당한 정도로**란 뜻이며 강한 개인적 감정을 드러낼 때 쓰인다. 그 외의 경우에 **매우**란 뜻을 표현할 경우에는 very나 extremely를 쓴다. so + 형용사/부사 + that절 문형을 익혀두도록 하자. **너무 ~해서 ~하다**라는 의미이다.

2 Thanks

- **Thank you for** having me.
  저를 초대해주셔서 고맙습니다.

Thanks는 Thank you보다 구어적이다. Thank you for doing something이라고 하면 **~해서 감사합니다**란 뜻이다. 상대의 제안을 받아들일 때 Yes, please 대신 Thank you를 쓰기도 한다. 물론 거절할 때는 No, thank you라고 한다. 다만 Thank God란 표현은 **고마워라, 이런 고맙게도**란 뜻임을 알아두자.

3 company

- People tend to judge you by **the company** you keep.
  사람들은 당신의 친구를 보고 당신을 판단하는 경향이 있다.
- I'm expecting **company** this evening.
  오늘 저녁에 손님이 오시기로 되어 있다.

보통 company라고 하면 **회사**란 뜻만 가지고 있다고 알고 있지만 **친구, 동료, 패거리, 집에 찾아올 손님**(guest)이란 뜻도 있다. 여기서 주의할 것은 **회사**란 의미일 때는 셀 수 있는 명사가 되어 복수를 취할 수 있는 반면 사람들을 가리킬 때에는 셀 수 없는 명사로 둔갑한다는 것이다.

PART 2

태도표현편

① 부탁과 의뢰 ASKING A FAVOR

Can I ask you a favor?

Would you do me a favor?
I have a big favor to ask
Can you give me a hand with this chair?
Could you save my place in line?
Do you mind if I borrow your car?

Track-6

WARMING UP

Can I ask you a favor?

George Can I ask you a favor?
Sandra Sure. What is it?
George Could you give me a lift?
Sandra Sure. I was just leaving.

WORD
favor 호의 ask a favor 부탁하다 lift 차에 태워줌, 들어올리다 give a lift 차에 태워주다 leave 떠나다

G 부탁 좀 드릴까요?
S 그러세요. 뭔데요?
G 차 좀 태워 주실 수 있으세요?
S 그럼요. 지금 막 가려던 참이었어요.

A — May I bother you a moment?
B — Sure. What do you need?
잠시 도와주시겠어요?
네. 무슨 일인데요?

A — Would you do me a favor?
B — Sure if I can. What is it?
부탁 하나 들어주시겠어요?
제가 할 수 있는 것이면요. 뭐죠?

A — Would you do something for me?
B — Certainly, but I hope it's not urgent.
부탁을 해도 될까요?
예. 급한 게 아니라면 좋겠습니다.

A — Would you do me a favor, please?
B — Well, that depends on what it is.
부탁 좀 들어 주실래요?
글쎄요. 무엇인지에 따라서요.

Q **"땅"**이란 뜻의 ground가 동사로 쓰일 때가 있던데 설명해주세요.

A 미국은 어린이에 대한 체벌이나 학대를 금지하는 법이 엄격하기 때문에 아이들이 잘못을 했을 경우 때리지 않는 대신 벌로 얼마간 외출을 금지합니다. 이 때 외출을 금지하다가 바로 ground입니다. 항공기가 날씨가 안 좋아서 운항을 하지 못했을 때도 grounded 발이 묶인라고 합니다.

DIALOGUE 1 Track 6

WOULD YOU DO ME A FAVOR?

부탁 좀 들어 주시겠어요?

Sandra Would you do me a **favor**[1]?

George Sure, if I can.

Sandra Could you get me a **copy**[2] of the Time magazine?

George No problem.

Sandra **The problem is**[3] I don't have any money.

George Well, then that's your problem.

S 부탁 좀 들어주시겠어요?
G 가능하다면 들어 드리죠.
S 타임지를 한 권 사다 주시겠어요?
G 그러죠.
S 그런데 저에게 돈이 한 푼도 없어요.
G 그렇다면 방법이 없네요.

1 do ~ a favor

- **Do me a favor**, Mike and shut up!
  마이크, 제발 부탁인데 입 좀 닥쳐!
- Thanks for looking after all my things. I'll **return the favor** sometime!
  이 모든 일을 처리해줘서 고마워. 언젠가 이 은혜 꼭 갚을게.

favor는 **호의**란 뜻이다. Do me a favor는 **내게 호의를 베풀어 달라, 즉 부탁 좀 들어 주세요**란 뜻이 된다.
영국에서 구어체로 Do me a favor는 상대가 바보같은 질문을 한다거나 짜증나게 하는 행동을 했을 때 화가 나서 내뱉는 경우에 쓰이기도 한다.

부탁을 할 때
- Can I ask a favor of you?
- Could you do me a favor?
- Will you do me a favor?
- Will you do something for me?

- I have a favor to ask you.
- I wonder if you do me a favor.

2 copy

- He was reading **a copy** of the daily newspaper.
  그는 일간신문을 읽고 있었다.

copy는 **베끼다, 복사하다, 커닝하다**라는 뜻의 동사, 그리고 **복사, 복사본**이란 뜻의 명사역할을 한다. 때로는 신문, 잡지, 도서의 부수를 세는 단위로도 쓰인다.
영화제목이기도 한 copycat은 유명한 살인사건을 그대로 따라하는 **모방범죄**라는 뜻을 갖는다.

3 The problem is ~

- We don't really want to go but **the fact is** we don't have any choice.
  정말 가고 싶지는 않지만 사실 우리도 어쩔 수 없다.

The problem is (that)~은 **문제는 ~이다**라는 뜻의 유용한 문형이다. 주된 논점을 도입할 때 특히 특정 상황에 대한 진실을 규명하려고 할 때 The problem is that~을 쓴다.
이런 문형은 The fact is that~ 사실은 ~이다, The point is that~ 요점은 ~이다, The truth is that~ 진실은 ~이다으로 다양하게 쓸 수 있다. that절이 be동사 뒤로 빠진 것은 진짜 주어 부분이 너무 길어서이다.

DIALOGUE 2 Track 6

I HAVE A BIG FAVOR TO ASK

부탁이 있는데요

Andy I have a big favor to ask, Kelly.

Kelly What is it?

Andy Could you **drive me to**[1] the repair shop to **pick up**[2] my car?

Kelly What time?

Andy If you don't mind, I **need**[3] to go as soon as possible.

Kelly No problem. I'll get my coat.

A 미안한 부탁이 하나 있는데요, 켈리.
K 뭔데요?
A 제 차 가지고 오게 정비소에 태워다 주시겠어요?
K 언제요?
A 괜찮으시다면 되도록 빨리 가야해요.
K 문제없어요. 코트 가지고 올게요.

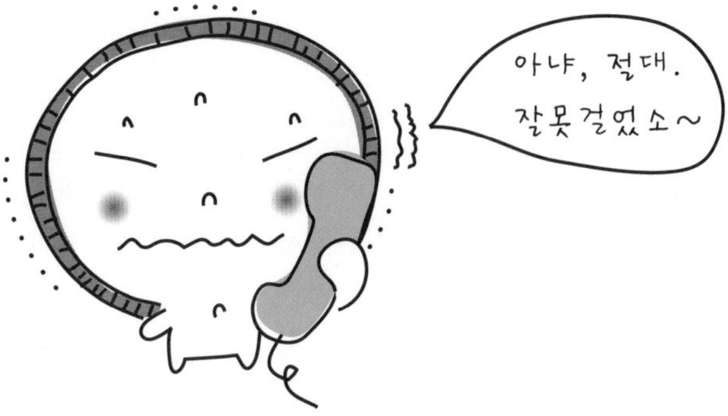

1 drive ~ to + 장소

- I managed to **get a free ride down to** the station.
  역까지 누가 태워줘서 공짜로 갈 수 있었다.

~까지 차로 태워주다라는 뜻이다. give me a ride to, take me to + 장소 by car로 표현해도 된다. 공짜 차를 얻어 타다는 get a free ride라고 하면 된다.

2 pick up

- I **picked** Greek **up** when I lived there.
  그 곳에서 살 때 그리스어를 배웠다.
- The dogs **picked up** the scent and raced off.
  개들이 냄새를 맡고서 뛰어갔다.

사전을 보면 pick up의 설명만으로 무려 한 페이지가 할애되어 있다. 그만큼 의미가 다양하게 쓰인다는 얘기겠다.
우선 물건을 집어 올리다, 깨끗이 정돈하다, 우연히 찾다, 정보, 기술, 언어 등을 습득하다, 희미한 냄새나 소리를 감지하다 등의 뜻이 있다. 대화문에서 pick up은 사람을 차에 태우다란 뜻이다.

3 need

- Everybody **needs to rest** sometimes. 일반 동사
  모든 사람들은 가끔 쉴 필요가 있다.
- You **needn't** have explained. 조동사
  넌 설명할 필요가 없었는데.
- I **needn't have cooked** so much food. Nobody was hungry. 조동사
  그렇게 음식을 많이 할 필요가 없었는데. 아무도 배고프지 않았으니까 말야.

need는 일반 동사로도 쓰이고 조동사로도 쓰인다. 일반 동사로 쓰인다는 말은 부정문, 의문문을 만들 때 do동사를 필요로 한다는 것이고, 조동사로 쓰인다는 말은 형태의 변화 없이 will, can과 같은 기능을 한다는 뜻이다.
일반 동사로 쓰일 때에는 명사나 to부정사를 목적어로 취한다. 다른 조동사와 마찬가지로 need도 needn't + have + 과거분사의 문형을 취할 때가 있다. 해석은 ~할 필요가 없었는데라고 한다. 과거에 어떤 일을 하긴 했지만 불필요한 시간낭비였음을 표현할 때 쓰인다.

DIALOGUE 3 Track 6

CAN YOU GIVE ME A HAND WITH THIS CHAIR?

이 의자 옮기는 것 좀 도와주시겠어요?

Sandra Are you busy, George?

George No, I'm not. Why?

Sandra Can you **give me a hand**[1] with this chair?

George Sure. What are you trying to do?

Sandra I **want**[2] to put it **on**[3] the other side of the room.

George Sure, I'll help you.

S 바쁘세요, 조지?

G 아니에요. 왜 그러시죠?

S 이 의자를 좀 거들어 주시겠어요?

G 물론이죠. 어떻게 하시려는데요?

S 이 방 맞은편에 갖다 두고 싶어서요.

G 그러세요, 도와드릴게요.

1 give me a hand

우리말에 일손을 빌리다란 말이 있다. 우리의 어감에 딱 들어맞는 표현이다. 보통 hand는 육체적 노동이 필요한 일을 도와주는 것을 말한다. 단순히 도움이란 뜻도 있지만 공장이나 농장에서 육체 노동을 하는 사람을 가리키기도 한다. 일손이 모자라다 We're shorthanded 라고도 한다.

2 want

- My parents **wanted me to go** to a different university.
  부모님은 내가 다른 대학에 가길 원하셨다.
- I'm going to start saving money. I **want** a better car.
  저축하기 시작할 거예요. 더 좋은 차를 사고 싶거든요.
- **I wish** I could fly.
  날 수 있었으면 좋겠어.

want는 원하다라는 뜻의 타동사이다. want + 명사목적어, want + to부정사, want + 목적어 + 목적보어의 형식으로 쓰인다. 목적보어로는 대개 to 부정사가 쓰이지만 의미에 따라서는 과거분사도 온다. 주의할 것은 같은 뜻의 hope나 wish와는 달리 that절을 결코 취할 수 없다는 점이다.
would like to + 동사원형도 마찬가지로 ~하고 싶다는 뜻이지만 정중한 요청에 한해서는 want를 쓰지 않고 would like to + 동사원형의 어구를 사용한다.
want는 자신의 능력으로 할 수 있는 일을 원할 때 쓰이지만 wish는 불가능하거나 실현가능성이 없는 일이 일어나길 바랄 때 쓰인다.

3 on

- Get **on** the train. 기차에 타다
- Get **off** the train. 기차에서 내리다.

on은 매우 다양한 의미와 쓰임새를 갖고 있다. 우선 in, at과 함께 시간이나 장소를 표현할 때 쓰인다. 시간을 나타낼 경우에는 특정한 날이나 요일에 쓰인다. 그리고 접촉, 접속의 의미를 가진다. 전기를 켜는 것을 turn on이라고 한다. 물건이 표면과 닿아 있는 경우도 on을 쓴다. 반면 접속의 끊김, 분리를 나타낼 때에는 off가 쓰인다.

DIALOGUE 4 Track 6

COULD YOU SAVE MY PLACE IN LINE?

제가 서 있는 줄의 자리 좀 봐 주시겠어요?

Kelly Oh dear!

Andy **What's the matter[1]?**

Kelly I'm afraid I've left my purse in my car!

Andy Well, **you'd better[2]** go and get it **before[3]** buying your ticket.

Kelly Could you save my place in line, please?

Andy Yes, of course. Hurry up!

K 어머나!
A 무슨 일이에요?
K 차에다 지갑을 놓고 내렸나 봐요.
A 그러면, 표를 사기 전에 가셔서 지갑을 가져 오는 게 좋겠어요.
K 제가 서 있는 자리 좀 봐 주시겠어요?
A 물론이죠. 서두르세요!

1 what's the matter

- **What's the matter**, Mary? Have you been crying?
  메리, 무슨 일이야? 울었어?

상대가 기분이 안 좋아 보여 왜 그런지 묻고자 할 때 쓰인다. What's the matter with you?를 줄인 표현이다. What's the problem?이라고 바꿔도 상관없다.

2 had better

- You'**d better** ring your parents - just in case they're worrying about you.
  부모님께 전화드려. 부모님이 네 걱정하실 테니까말야.
- You'**d better not leave** all that money on the table.
  식탁 위에다 그 많은 돈을 놔두고 다니지 말아라.

had better **~하는 게 낫겠어**는 구어체에서 쓰이는 표현이다. 특정상황에서 어떻게 행동해야하는지에 대해 강한 충고를 할 때 쓰인다. 보통 특정상황이라는 것은 지나간 과거보다는 현재 말하는 순간에 일어난 상황을 얘기할 때가 많다. 그래서 should보다도 더 강하고 절박한 감정을 드러낸다.
그냥 일반적인 상황에 대해 충고하거나 부드럽게 제안하는 경우라면 should, ought to, it would be better to **부정사**를 쓰는 게 바람직하다.
had better 다음에 to부정사가 아니라 동사원형이 온다는 것에 주의한다. 부정문은 had better not + **동사원형**이다. 'd better는 had better의 축약형이다.

3 before, ago

- I saw him last Friday in London and **two days before** in Leeds. 이틀 전: 지난주 수요일
  그를 본 것이 지난 주 금요일 런던에서였는데, 이틀 앞서 리즈에서도 그를 보았다.
- Forty years **ago** the journey took twice as long.
  40년 전에는 여행하는 데 두 배나 많은 시간이 걸렸다.

ago와 before는 둘 다 **~전에** 라는 뜻이지만 쓰임새는 전혀 다르다. ago는 과거시제에서만 쓸 수 있다. 즉 말하는 순간 new에서 볼 때 그 이전을 가리킨다. 반면 before는 과거의 한 시점 then에서 볼 때 그 이전을 가리킨다.

DIALOGUE 5 Track 6

DO YOU MIND IF I BORROW YOUR CAR?

당신 차를 빌려도 괜찮아요?

Jesse Hey, Susan. I'm sorry to bother you, but I wonder if you could do me a big favor.

Susan **Sure**[1]. What is it?

Jesse Do you mind if I borrow your car tonight?

Susan Well, all right. I guess you can take mine.

Jesse Really? Are you sure you don't need it?

Susan Yeah, I'm sure. Just **take good care of**[2] it.

J 저기, 수잔. 방해해서 미안한데, 너한테 부탁이 있어서 말야.
S 음. 뭔데?
J 오늘밤 네 차 좀 빌릴 수 있을까?
S 음... 그래. 빌려 줄게.
J 정말? 차 필요 없어?
S 응. 정말로. 단 조심해서 써야 해.

1 sure

- **Surely** you're **not** going to wear that hat? 놀라움
  정말로 저 모자를 안 쓴단 말야?
- **Surely** they should have arrived by now! 추측, 가능성
  지금쯤이면 분명 도착했어야 돼!
- This is **definitely** the best film she's ever made. 절대적 확신
  이거야말로 그녀가 만든 영화 중에 최고이다.

sure는 형용사 **확신하는**, 부사 **확실히**로 둘 다 쓰인다. surely도 부사이다.
여기서는 surely와 certainly를 비교하기로 하자.
That's certainly a mouse. 그건 분명 쥐야.는 그게 쥐라는 것을 안다는 뜻이며, Surely that's a mouse? 정말로 저게 쥐야?는 어떤 사물이 쥐 같아 보여서 놀라움을 나타낸 것이다. 그리고 어떤 것이 믿기 어렵거나 믿고 싶지 않았을 때 surely not의 표현을 쓴다.
surely와 definitely도 비교해보자. surely는 말하고 있는 것이 맞다는 강한 믿음이나 가능성을 표현할 때 그리고 듣는 사람이 동의하도록 독려하는 데 쓰인다. 그리고 definitely는 절대적 확신을 나타낸다.

2 take care of

- Who's **taking care of** the dog while you're away?
  네가 떠나 있는 동안 누가 개를 돌볼 거야?
- Her secretary always **took care of** the details.
  그녀의 비서가 항상 세부사항을 처리했다.
- We'll **take care of** the fees.
  요금은 우리가 낼게.

take care of는 그 뒤에 사물이 올 수도 있고 사람이 올 수도 있다. **돌보다**(look after)란 의미 외에 **일, 업무 등을 처리하다, 돈을 지불하다**란 뜻도 있다.
take good care of의 good은 care를 수식하는 형용사이다. 잘 돌보다란 의미이다.

② 동의와 긍정 AGREEMENT

I think you're right

That's true
You're telling me
You can say that again
Yes, sure
I can go for that

Track-7

WARMING UP

I think you're right

George I think we need a new TV.
Sandra I think you're right.
George Where did you get this old thing anyway?
Sandra At some discount store.

WORD

need 필요하다 right 옳은, 오른쪽, 권리 get 얻다
anyway 어쨌든, 여하튼 discount 할인

G 우리한테는 새 TV가 필요해.
S 네 말이 맞아.
G 그런데 이 오래된 TV는 어디에서 샀어?
G 어떤 할인점에서.

A — Did you have a nice weekend?
B — Yes, I did.
주말 잘 보냈어요?
네, 잘 보냈어요.

A — I really love German beer.
B — So do I.
난 독일 맥주가 너무 좋아요.
나도 그래요.

A — She talks too much, I think.
B — I feel the same way.
그녀는 너무 말이 많다고 생각해.
동감이야.

A — I'm sure that she is nice. What do you think?
B — I think you're absolutely right.
그녀가 괜찮은 사람이라고 확신해요. 어떻게 생각해요?
전적으로 동감입니다.

Q "코를 후비다"를 영어로 어떻게 하나요?

A pick one's nose란 표현을 씁니다. 코에 관련한 다른 표현들로는 blow one's nose 코를 풀다, sniff 코를 훌쩍이다, snore 코를 골다, have a bloody nose 코피를 흘리다가 있습니다. 납작코는 **flat nose**, 매부리코는 **aquiline nose**, 들창코는 **snub[pug] nose**, 주먹코는 **bulbous nose**라고 합니다.

DIALOGUE 1 Track 7

THAT'S TRUE

맞아

Sandra How about **taking a break**[1]?

George Okay, I'm tired.

Sandra I know how you **feel**[2]. This has been a long day.

George And it's not **over**[3] yet.

Sandra That's true. There's still a lot to do.

George We'll be here until midnight.

S 잠깐 쉬는 게 어때?
G 그래, 너무 지친다.
S 알아. 힘든 하루였어.
G 하지만 아직 끝나지 않았잖아.
S 맞아. 아직도 갈 길이 멀다구.
G 자정까지 여기에 있게 될 거야.

1 take a break

- Let's **take a ten minute break.**
  10분간 쉽시다.
- Demi Moore planned to **take a career break** to have children.
  데미 무어는 아이를 갖기 위해 일을 잠깐 쉬기로 했다.
- Can you remember when the Beatles **broke up**?
  비틀즈가 언제 해체됐는지 너 기억나니?

break는 깨지다란 기본 뜻을 가진 동사이다. 여기서 고장나다, 헤어지다란 의미가 파생된다. 명사로는 휴식시간이란 뜻이다.

- **coffee break** 커피를 마시며 잠깐 쉬는 것
- **lunch break** 점심시간
- **career break** 휴직 기간

breakfast 아침식사는 break 깨다와 fast 금식의 합성어이다. break가 들어가는 동사구를 익혀보자. break up은 가족, 그룹이 헤어지다, break down은 부수다란 뜻이다.

2 feel

- **Feel** the car seat. It's wet.
  자동차 좌석을 만져봐. 젖었어.
- I suddenly **felt** something on my leg.
  갑자기 다리에 뭔가가 느껴졌다.
- I **feel** that you're making a mistake.
  네가 잘못하고 있다고 생각해.

feel은 우선 어떤 사물을 만지다란 뜻이다. 이 경우 진행 시제를 쓸 수 있다. 그리고 두 번째로 촉각적인 느낌을 받다란 뜻이 있다. 이때는 진행시제를 쓸 수 없다. 세 번째 뜻은 생각하다 think이다. 마찬가지로 진행시제를 쓸 수 없다.
I feel happy처럼 feel 다음에 형용사가 오기도 한다.

3 be over

- When the game **was over**, the players shook hands.
  경기가 끝나자 선수들은 서로 악수를 했다.

over는 기본적으로 접촉하지 않은 상태의 위쪽을 의미한다. 하지만 대화문에서 over는 전치사로서가 아니라 be over 끝나다에서 볼 수 있듯 형용사로 쓰였다.

DIALOGUE 2 Track 7

YOU'RE TELLING ME
정말이에요

Andy What time is it now, Kelly?

Kelly **My watch says**[1] a quarter to nine.

Andy Kelly, we'd better hurry if we're going to catch that plane.

Kelly You're **telling**[2] me! **Come on**[3]. **Let's**[4] go!

A 켈리, 몇 시에요?
K 제 시계로는 9시 15분전이에요.
A 켈리, 그 비행기 타려면 서두르는 게 좋겠어요.
K 그렇군요! 어서요. 가자구요!

알아서 가~
가까운 김밥집좀 알려줘.
저런 겁없는..

1 My watch says ~

What time is it now? 지금 몇 시인가요?에 대한 대답으로 내 시계로는 ~시입니다란 표현이다. My watch says a quarter to nine 또는 It's eight-forty-five, It's a quarter before nine와 같이 비인칭 주어 It을 써서 나타낸다.

2 say / tell

- She **told me that** she would be late.
  그녀는 내게 늦을 거라고 말했다.
- She **said that** she would be late.
  그녀는 늦을 거라고 말했다.
- I don't think she's **telling the truth**.
  그녀가 사실을 말하고 있지 않다고 생각한다.

say와 tell을 비교해보자. tell은 **알리다, 명령하다**란 의미이다. tell 다음에는 목적어로서 말을 듣는 상대가 꼭 나와야한다. 하지만 say는 대개 사람 목적어 없이 쓰인다. 목적어를 표시하고 싶다면 to + 사람 목적어를 덧붙이면 된다.

3 come on

- **Come on**, guys, you can do it!
  자 힘내라구. 너희들은 할 수 있어!
- **Come on**, then, hit me! I dare you!
  자, 쳐봐! 쳐 보라구!

come on은 구어체에서 상당히 많이 볼 수 있는 표현이며 뜻도 다양하다.
전등이나 기계가 **작동하다**, 가벼운 병**에 걸리다**, TV나 라디오 프로그램이 **방영되다**, **서둘러라**(hurry up), **기운 내**(cheer up)라는 뜻으로 쓰인다. 때로는 화가 나서 어서, 덤벼라고 할 때도 쓴다.

4 Let's ~

- **Let's** go home, **shall we**?
  우리 집에 갈까?

보통 명령문은 동사원형으로 시작하지만 1인칭 복수 즉, we에 대한 명령문은 Let's~이다. Let's~는 제안을 할 때 쓰이는 표현이다.
부정문을 만들 때는 두 가지 방법이 가능하다. 하나는 Let's not~이고, 또 하나는 Don't let's~이다. 하지만 전자가 바람직하다. 부가의문문은 shall we?이다.

DIALOGUE 3 Track 7

YOU CAN SAY THAT AGAIN

내 말이 그 말이야

Sandra My little brother and sister just **won't**[1] stop fighting.

George They don't seem to agree on anything, **do they**[2]?

Sandra You can say that again.

George Well, let's get out of here and go get a Coke.

Sandra It's a **deal**[3]. I'd go anywhere to get away from them.

George I'll get my coat.

S 내 남동생과 여동생은 끊임없이 싸워.
G 그 둘은 무슨 일에도 의견이 맞는 법이 없지..
S 내 말이 그 말이야.
G 여기서 나가서 콜라나 마시자.
S 좋아. 어디로든 그 애들에게서 멀리 떨어질 수만 있다면 어디로든 가겠어.
G 코트 가져올게.

1 will

- I really **will** stop smoking.
  난 정말로 담배를 끊고야 말 테야.

will이나 would는 미래시제를 표현할 뿐만 아니라 의지나 고집을 표현하기도 한다. The door won't open이라고 하면 문이 도대체 열리지 않는다라는 뜻이 된다.

2 shall we? will you?

- You **don't** like fish, **do you?** 일반동사 → do
  생선은 좋아하지 않으시나보죠?
- This **is** your pen, **isn't it?** Be동사 → 그대로
  당신의 펜인가요?
- **Open** it, **will you?** 명령문 → will you?
  열어.
- **Let's** go, **shall we?** Let's → shall we?
  출발하죠.

부가의문문이다. 문장 끝에 붙어서 다시 한 번 확인한다거나 강조할 때 쓰인다. 긍정의 문장이면 부가의문문은 부정이고, 부정의 문장이면 긍정으로 바꿔준다.
조동사는 그대로 쓰며 일반 동사인 경우는 do를 써 준다. Let's 문장인 경우를 Shall we?로 덧붙여준다. 명령문인 경우는 Will you?로 해준다. 해석할 때는 그렇지, 응?이라고 하면 무난하다.

3 deal

- It's a deal.
  좋아, 알았어, 그것으로 결정짓자[계약하자]

부deal은 동사로서는 분배하다, 다루다, 처리하다, 거래하다라는 뜻을 가지며 명사로서는 거래, 카드놀이 한 판, 분량이란 뜻을 갖는다. deal with가 다루다, 처리하다란 뜻을 가지며 deal in은 어떤 물건을 취급하다, 거래하다란 뜻을 갖는다.

A : Okay, $500, but that' s my last offer.
좋아, 500달러. 하지만 그 이하는 안 돼.
B : Okay, **it' s a deal.**
좋아, 그것으로 하지.

DIALOGUE 4 Track 7

YES, SURE

그럼, 물론이지

Kelly Andy, do you like this dress?

Andy Yes, sure.

Kelly You don't **sound**[1] too **excited**[2] about it.

Andy Yes. **Absolutely**[3], I like it.

Kelly Well, **I don't think so**[4].

Andy Then why did you ask me about it?

K 앤디, 이 드레스 맘에 들어요?
A 응.
K 시큰둥하게 들리네요.
A 아냐. 아주 맘에 들어.
K 글쎄요. 전 별로 맘에 안 드는 것 같아요.
A 그러면 왜 물어본 거야?

1 sound + 형용사

- You **sound unhappy**. What's the matter?
  기분이 안 좋아 보여. 무슨 일 있어?
- The car **sounds a bit funny**.
  그 차에서 이상한 소리가 나.

sound는 ~처럼 보인다란 뜻으로 보어를 필요로 하는 불완전 자동사이다. 그래서 sound 다음에는 형용사가 온다. 이런 의미인 경우 진행시제는 쓸 수 없다. 그리고 sound는 소리, 소리가 나다라는 뜻도 있다.

2 excited

- She was **crying** when I saw her. 과거의미
  내가 그녀를 봤을 때 그녀는 울고 있었다.
- You' re **fired**. 현재의미 넌 해고야.

-ing형을 현재분사라고 하고 -ed형을 과거분사라고 하는 것은 좀 어폐가 있다. 사실 -ing형이나 -ed형이나 모두 과거, 현재, 미래의 의미를 표현하기 때문이다.

3 absolutely

- It is absolutely important that you see a doctor immediately. X
- It is **very important** that you see a doctor immediately. O
- It is **absolutely essential** that you see a doctor immediately. O
  당장 의사를 만나보는 것이 절대적으로 필요해.

상대의 말에 대해 절대적으로 동의할 때 absolutely 혹은 definitely 한 단어만으로도 표현할 수 있다. 결단코 반대할 때는 absolutely not 절대 안 돼 이라고 하면 된다.

또한 absolutely는 의미가 강한 형용사를 수식할 때도 쓰인다. huge 거대한는 그 자체로 very big 매우 큰이란 의미를 갖고 있기 때문에 very huge라고 하면 어색하다. huge, essential, terrible과 같은 형용사에는 absolutely나 completely와 같은 부사로만 수식할 수 있다.

4 I think so

- **I think so.** 나도 그렇게 생각해. 동의의 표현
- **I don' t think so.** 난 그렇게 생각하지 않아. 현재의미

보통 I think so 다음에는 반대 이유를 나타내는 because절이 따라온다.

DIALOGUE 5 Track 7

I CAN GO FOR THAT

난 찬성이야

Jesse Susan, let's go to Miami during the vacation, shall we?

George That sounds interesting. But you'll have to **count me out**[1], I'm afraid.

Jesse Why?

George To tell you the truth, **I can't afford to**[2] go to Miami.

Jesse Well, then, **what would you say to**[3] Houston?

George I can **go for**[4] that. You're the **boss**[5].

J 수잔, 휴가 때 마이애미에 가자, 응?
S 재미있겠는데. 하지만 나는 빼 줘야할 것 같아.
J 왜?
S 사실, 마이애미에 갈 여유가 안 돼.
J 그럼, 휴스턴은 어때?
S 그거야 좋지. 너의 뜻에 따르지.

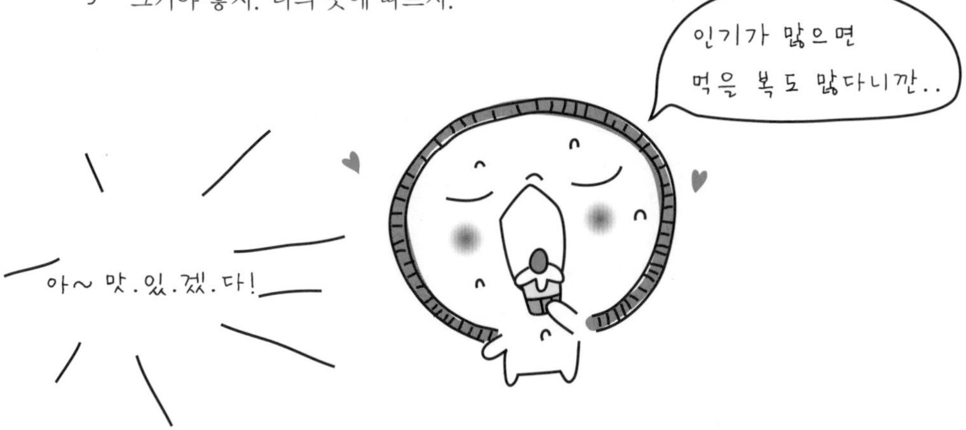

1 count ~ out

▸ Mark, can we **count you in** for the cricket team?
마크, 너 우리 크리켓 팀에 들어 올 거지?

▸ If you're looking for trouble, you can **count me out**.
무슨 일을 꾸미고 있다면(안 좋은 일) 난 빼줘.

구어체 표현으로 게임이나 팀에 나 좀 끼워줘라고 말할 때는 count me in이라고 하는 반면 나는 빼줘라고 할 때는 count me out이라고 하면 된다.

2 can't afford to

▸ My father **couldn't afford to** pay for my education.
아빠는 내 교육비를 댈 여유가 없었다.

can't afford to + 동사 원형은 ~할 여유가 없다라는 뜻이다. afford는 그 자체로 쓰이기보다는 can이나 can't와 함께 쓰인다. 여기서 여유란 시간적, 경제적 여유를 말한다. afford 다음에는 명사구나 to부정사가 따라온다.

3 what would / do you say to + 명사구?

what would you say to + 명사구?는 ~하는 게 어때?라는 제안의 표현이다. 즉 Let's~, Why don't you~?와 같은 표현이다.

4 go for

▸ **Go for it.** 뭐든 한번 해봐. 시도해봐. 격려

go for는 ~을 가지러 가다, ~하러 가다, ~을 얻으려 노력하다, ~을 좋아하다 등 많은 뜻을 가지고 있다. 대화문의 go for는 지지하다, 호의를 보이다란 뜻이다.

5 boss

▸ When you first start training a dog it's important to let him see that **you're the boss.**
개를 처음 훈련시킬 때 당신이 주인임을 인식시키는 게 중요하다.

boss는 알다시피 두목, 사장을 뜻한다. my boss라고 하면 우리 회사 사장, 내 직속 상사란 의미가 있다. 하지만 위 대화문에서는 관계에서 가장 강한 사람, 즉 실권자, 실력자를 의미한다.

③ 거절과 반대 REFUSAL AND OBJECTION

Sorry, but I have plans

I'd love to but I really can't
No thanks
No way!
I would never agree to a divorce
No, I don't think so

Track-8

WARMING UP

Sorry, but I already have plans

George Sandra, are you busy tomorrow night?

Sandra Why? What's happening?

George I have a blind date and I was wondering if you could cover my shift.

Sandra Sorry, but I already have plans.

WORD

happen 일어나다 blind 눈먼 blind date 미팅
cover 덮다, 포함하다, 커버 shift 근무시간
cf. day[night] shift 낮[밤] 근무조 plan 계획, 계획하다

G 산드라, 내일 밤 바빠요?
S 왜요? 무슨 일인데요?
G 미팅이 있는데 당신이 제 근무시간에 대신 일해 줄 수 있나 해서요.
S 미안하지만 계획이 있어요.

A — May I eat this cake, Mommy?
B — No, you may not.
엄마, 이 케이크 먹어도 돼요?
안 돼.

A — May I speak to you a little more quickly?
B — No, please don't.
좀 더 빨리 말해도 되겠습니까?
아뇨, 그러지 마세요.

A — May I copy from these papers?
B — Well, I'd rather you didn't, if you don't mind.
이 서류들을 베껴 써도 될까요?
죄송하지만 안 됩니다.

A — Will you forgive her for what she did?
B — No, not in a thousand years!
그녀가 한 짓을 용서해 주지 그래?
그럴 순 없어. 결코 그런 일은 없어!

Q 어떤 문장을 해석하다 보니 **"for the world"** 부분이 예상과 달리 해석이 안 되던데에 **"for the world"**에 무슨 특별한 의미가 있나요?

A in the world가 때로는 세계에서가 아닌 도대체라는 강조구로 쓰이듯이, for the world는 세상을 위하여가 아니라 세상을 다 주어도, 세상을 걸고라도라는 뜻으로 우리말의 죽어도 ~하지 않겠다 혹은 꼭 ~하겠다는 말에 해당합니다.

DIALOGUE 1 Track 8

I'D LOVE TO BUT I REALLY CAN'T

그러고 싶지만 정말 안돼요

Sandra Aren't you coming with us?

George If I could, I would, but I'm just too busy.

Sandra Oh, come on! It's the weekend. Take a break.

George I'd love to, but I really can't. This report **is due**[1] Monday, and I**'ve got to**[2] finish it.

S 안 가니?
G 가능하다면 그렇게 하고 싶지만 너무 바빠.
S 아니, 왜 그래! 주말이잖아. 좀 쉬라고.
G 그러고 싶지만 정말 안 돼. 레포트 마감일이 월요일이라서 끝내야 해.

1 be동사 + due

- The first interest payments will be **due** in August.
  첫 이자 지불은 8월이 만기가 될 것이다.
- The train is **due** in London at 5 p.m.
  그 기차는 오후 5시 런던에 도착할 예정이다.
- The accident **was due to** the driver's carelessness.
  사고는 운전자의 부주의 때문이었다.

due는 지급 만기일이 된, 당연한, 도착할 예정인이란 뜻을 갖는 형용사이다. due to +명사구를 하면 because of와 더불어 ~때문에란 뜻이 된다.
대개는 서술적 용법be동사 다음에만 쓰임으로 쓰이지만 몇 가지 예외도 있다. due process 정당한 법 절차, due date 만기일가 그러하다.

2 have (got) to

- I **had to** go to London yesterday. 자의
  어제 런던에 가야했다.
- I **must** stop smoking. 타의
  난 담배를 끊어야 해.
- I'**ve got to** stop smoking. Doctor's orders. 타의
  담배를 끊어야겠어. 의사의 명령이야.
- I'**ve got to** write a financial report tomorrow. 한번
  내일 재정보고서를 작성해야해.
- I **have to** write financial reports at the end of every month. 반복되는 행동
  매달 말에 재정 보고서를 작성해야해.

~해야 한다라는 의무나 필요를 나타낼 때 have to나 must를 쓴다. 하지만 일상 구어체에서 특히 영국에서는 have got to를 훨씬 많이 사용한다. 대개 've gotta라는 줄임말로 쓰인다.
have got to는 현재시제로만 쓰인다. have (got) to는 외부에서 일어나는 일 즉, 법, 규약, 계약, 타인의 명령에서 온 의무를 언급할 때 쓴다. 하지만 습관이나 반복되는 의무사항에 대해 얘기할 때는 have got to를 쓰지 않는다.
반면 must는 명령을 주고 받을 때, 화자나 청자에서 비롯된 의무사항을 언급할 때 쓰인다.

DIALOGUE 2 Track 8

NO THANKS

고맙지만 사양할게

Andy Do you want to go see a movie tonight?

Kelly No, I'm afraid not. **I'm broke**[1].

Andy I'll **pay your way**[2].

Kelly No thanks.

Andy Are you **mad at**[3] me?

Kelly Nope. I just don't want to go.

A 오늘 밤 영화 보러 갈래?

K 아니, 별로. 나 돈 없어.

A 돈은 내가 낼게.

K 고맙지만 사양할게.

A 너 나한테 화났니?

K 아니. 그냥 가고 싶지 않을 뿐이야.

1 broke

- I'm fed up with **being broke** all the time.
  늘 돈 없이 사는 데 질렸다.
- A lot of small businesses **went broke** in the recession.
  불경기에 많은 중소기업들이 도산했다
- Why not **go for broke** and set up your own business?
  망하는 셈치고 한번 창업해보지 그래?

break의 과거형을 이처럼 서술적으로 쓰면 무일푼인, 돈이 다 떨어진의 뜻을 갖게 된다. go broke는 회사가 망하다, 도산하다를 의미한다. flat broke는 완전히 거지 신세가 된이란 뜻이다. go for broke는 뭔가를 이루기 위해 위험을 감수하다라는 뜻을 갖는다.

2 way를 이용한 표현

elbow one's way	팔꿈치로 사람들을 제치며 나아가다
go one's way	자신의 길을 가다
have one's way	제멋대로 하다
make one's way	출세하다
pay one's way	빚지지 않고 살아가다
pick one's way	발을 잘 짚으면서 천천히 나아가다
push one's way	밀며 나아가다
be in one's[the] way	방해하다, 가로막다
by the way	그런데 = incidentally
on the way	도중에

way를 이용한 표현은 다양하다.

3 be mad at ~

aim at	~을 향해 조준하다[겨누다]
bark at	~보고 짖어대다
be glad at	~때문에 기쁘다 원인
laugh at	~를 보고 웃다
look at	~을 쳐다보다

be mad at ~은 ~ 때문에 화가 나다란 뜻이다. 여기서 at은 조준이 되는 대상을 가리킨다. 감정의 표현인 경우는 그 원인을 나타낸다.

DIALOGUE 3 Track 8

NO WAY!

절대 안 돼!

Kelly I heard you had an argument with your supervisor.

Andy Yeah. He wants me to work more overtime.

Kelly Well, don't you want the money?

Andy The money's OK, but I need my free time, **too**[1].

Kelly Why don't you work overtime **for**[2] just one month?

Andy No way! Forty hours a week, and **that's it**[3]!

K 상사랑 한바탕 했다면서?
A 응, 나 보고 철야하래.
K 왜, 너 돈 벌기 싫어?
A 돈도 좋지만 내 자유시간도 필요하지.
K 딱 한 달만 연장 근무를 하는 게 어때?
A 말도 안 돼! 일주일에 40시간, 그거면 돼!

1 me, too

A : I' m hungry. 배고파.

B : **Me too.** 긍정 나두.

A : I don' t have any money right now. 지금은 돈 한푼도 없어.

B : **Me either.** 부정 나도 그래(나도 한푼도 없어).

나도 그래라고 할 때 me, too라고 한다. 긍정문에서 또한(also)이란 의미로 문장 끝에 쓰인다. 부정문에서는 either가 쓰인다.

2 for + 기간

- I once studied the guitar **for three years.**
  나는 예전에 3년간 기타를 배웠었다.
- **I' ve known her** for a long time.
  그녀를 안지 오래되었다.
- How long **are you staying for**? 미래 의미
  얼마나 오랫동안 체류할 거야?
- **How long** have you been waiting? for 생략
  얼마나 오랫동안 기다렸어?

for + 기간은 어떤 일이 얼마나 오래 지속되었는지 얘기할 때 쓴다. 일의 지속이 현재까지 이루어질 때는 현재완료시제와 더불어 for를 쓴다.
미래 의미에는 현재진행형이 쓰인다.
How long~?이 들어간 의문문에는 for를 생략할 수 있다.

3 That' s it

- **That' s it.** I can' t take it any more.
  You can keep your rotten job!
  됐어요. 이젠 더 이상 못하겠어요. 혼자서 잘 해보세요!

구어에서 자주 쓰이는 표현으로 화가 나서 계속하기 싫을 때 뱉는 말이다. 그걸로 됐어, 그만해란 뜻이다.

DIALOGUE 4 Track 8

I WOULD NEVER AGREE TO A DIVORCE

이혼은 절대 동의 못해

Kelly We **seem**[1] to disagree on everything lately.

Andy I've noticed that we rarely see eye to eye.

Kelly **Have you thought**[2] about divorce?

Andy I would never agree to a divorce. For the children.

Kelly We can't even agree about divorcing.

Andy Why don't we just agree to disagree and **stay**[3] married?

K 요즘 무슨 일이든 의견이 맞지 않네요.
A 요즘 서로 눈도 안 마주치잖아.
K 이혼 생각해본 적 있어요?
A 이혼은 절대 못해. 애들을 생각해야지.
K 우린 이혼에도 의견이 안 맞는군요.
A 우리가 합의점을 찾을 수 없다는 데 의견의 일치를 보고 그냥 사는 게 어때?

1 seem + 형용사

- You **seem angry** about something.
  너 무엇 때문에 화난 것 같아.
- I spoke to a man who **seemed to be the boss**.
  사장 같아 보이는 사람에게 말을 했다.
- Ann **seems to have** a new boyfriend.
  앤에게 새 남자친구가 생긴 것 같다.
- North Wales **seems like** a good place for a holiday - let's go there.
  북 웨일스 지방이 휴가 보내기에 제격인 것 같아. 거기 가자.

seem은 보어를 필요로 하는 불완전 자동사이다. seem 다음에는 부사가 아니라 형용사를 쓴다. 명사를 쓸 때에는 seem to be + 명사로 한다. seem to부정사의 문형도 있다. 구어체에서는 seem like + 명사/절과 같은 문형이 쓰인다.

2 have + 과거분사

- Peter **has been to** Paris. 경험(been: 갔다가 돌아왔음)
  피터는 파리에 간 적이 있다. 파리에 갔다 왔음
- Peter **has gone to** Paris. 결과(gone: 아직도 거기에 체류 중)
  피터는 파리에 갔다. 파리에 갔다가 아직 돌아오지 않았음
- I **have** just **finished** it. 완료
  그 일을 막 끝냈어.
- I **have been waiting for** three hours. 계속
  3시간 동안 계속 기다렸어.

have + 과거분사를 현재완료라고 하며 과거의 경험, 결과, 완료, 계속의 의미를 갖는다.

3 stay

- It's going to **stay cold** for the next few days.
  며칠 동안 계속 추울 것이다.
- **Stay away from** my daughter!
  내 딸 주변에서 얼쩡거리지 마!

stay는 ~한 채로 남아있다의 뜻이다. stay late는 늦게까지 남아있다, stay at home은 집에 남아있다란 뜻이다.

DIALOGUE 5 Track 8

NO, I DON'T THINK SO

아냐, 생각 없어(그렇게 생각하지 않아)

Jesse **What's wrong**[1]? You seem **kind of**[2] depressed.

Susan No, I'm just **in a bad mood**[3].

Jesse Are you upset about something?

Susan Yeah, a lot of things, I guess.

Jesse Do you know what? Maybe you should go out more. Kelly's having a party tonight. Let's go.

Susan Kelly James? No, I don't think so. **Thanks anyway**[4].

J 무슨 일 있어? 기운이 없어 보여.
S 아니, 그냥 기분이 안 좋을 뿐이야.
J 뭐 화나는 일 있어?
S 응, 여러 가지.
J 있잖아, 넌 외출을 더 많이 해야 해. 오늘 밤 켈리네 집에서 파티가 있어. 가자.
S 켈리 제임스? 아냐, 생각 없어. 어쨌거나 고마워.

1 What' s wrong?

What's wrong with you?는 상대방이 걱정하는 표정일 때, 어딘가 다쳐서 왔을 때 무슨 일이야?라고 물을 때 쓰인다. What's happening?이나 What's the matter?로 바꿔 쓸 수 있다.

2 kind of

- I **kinda** like that color.
  난 그 색깔이 좀 맘에 드는데.
- He **sort of** came up to me and pushed me. So I **kind of** hit him in the face.
  그가 나한테 오더니 날 밀더라구. 그래서 나도 그놈 얼굴을 좀 갈겨 줬지.

kind는 **친절한**이란 뜻의 형용사이면서 **종류**란 뜻의 명사이기도 한다. kind of는 **좀**, **약간**이란 뜻이다. 미국 영어에서는 kinda라고도 한다. 자세한 얘기를 회피하려고 할 때도 kind of를 쓴다.

kind of와 sort of는 의미가 비슷하다. 불확실하거나 부분적으로만 사실인 상황을 얘기할 때 동사나 형용사 앞에 쓰이는데, 구어 문장에서만 쓰인다. 또한 심각한 얘기를 좀 부드럽게 완화시키고 재미있게 만들려고 할 때 쓰인다.

3 in a bad mood

- The kids were **in a really silly mood** after the party.
  파티가 끝나고 아이들은 정말 멍한 기분에 빠졌다.

in a bad mood는 기분이 안 좋은이란 뜻으로 not feeling well로 바꿔 쓸 수 있다. 반대표현은 in a good mood이다.

4 Thanks anyway

- **Thanks anyway.** 어쨌거나 고마워.

상대가 도움을 거절하거나 상대의 조언이 사실 별 도움이 되지 못 했을 때 사용한다.
Thank you very much, Thank you, Thanks, Thanks a lot 모두 고맙습니다란 표현이지만 Thanks와 Thanks a lot은 상당히 구어적인 표현이다.

Thanks에 대한 답변으로는 Not at all, You're welcome, That's quite all right, That's OK가 있다. 모두 **괜찮아** 혹은 **천만에**라고 해석한다.

④ 충고와 제안 ADVICE AND SUGGESTION

Let's get her a nice sweater

Why don't you take a couple of days off?
What if we put the table next to the chair?
You should give her a call
You'd better move it
How about driving out?

Track-9

WARMING UP

Let's get her a nice sweater

George What can we get Kathy for her birthday?

Sandra Hmm··· Oh, I know what! Let's get her a nice sweater.

George Hey, that's a good idea!

WORD

nice 좋은 I know what 좋은 생각이 났어 idea 생각, 개념
That's a good idea 좋은 생각이야

G 캐시 생일 때 무슨 선물을 해주지?
S 음··· 아, 좋은 생각이 났어! 멋진 스웨터를 선물하자.
G 정말 좋은 생각이야.

A — I have an idea. Let's go to the Thai restaurant.
B — I'm tired of Thai food.
제게 생각이 있는데요. 타이 레스토랑에 가죠.
타이 음식이라면 지긋지긋해요.

A — Try moving the picture to the left a little.
B — You're right. That looks better.
그림을 약간 왼쪽으로 옮겨 봐.
그래, 맞아. 훨씬 좋아 보이는데.

A — My feeling is that we'd be better off renting an apartment than buying a house.?
B — Let's keep talking about it, okay?
생각에 집을 한 채 사는 것보다 아파트를 전세로 얻는 것이 나을 것 같아요.
계속 얘기해 보자구, 괜찮지요?

A — Marvin's proposal is that we set the deadline on May 30th. How does that sound to you?
B — Well, frankly it sounds too tight to me. Let's make it June 10th.
마빈이 데드라인을 5월 30일로 정하자고 제안했어. 어떻게 생각해?
음, 솔직히 너무 빡빡한데요. 6월 10일로 하죠.

Q "가위, 바위, 보"라는 것이 영어에도 있나요?

A 미국에서도 가위, 바위, 보를 합니다. rock, scissors and paper라고 합니다. 우리나라와는 달리 바위, 가위, 보 순이죠. 주먹을 쥔 바위는 그대로 rock 바위, 가위는 모양대로 scissors 가위, 손바닥인 보는 paper 종이인 것을 보면 동서양의 사고방식이 그다지 차이가 없어 보이네요.

DIALOGUE 1 Track 9

WHY DON'T YOU TAKE A COUPLE OF DAYS OFF?

2, 3일 정도 쉬는 게 어때요?

Sandra I can't seem to concentrate. My **mind**[1] keeps wandering.

George What's the matter?

Sandra I think I'm just **burned out**[2]. I could use a vacation.

George Why don't you take a couple of days off?

Sandra The boss would never **go for**[3] it.

S 집중이 잘 안돼요. 자꾸 딴 생각을 하게 돼요.
G 왜 그래요?
S 한계에 달했나 봐요. 휴가를 가야 할까 봐요.
G 2, 3일 정도 쉬는 게 어때요?
S 보스가 허락해 주지 않을 거예요.

1 mind

- Do you **mind** the smell of tobacco?
  담배 냄새 괜찮습니까?
- Would you **mind** opening the window?
  창문 열어 주실래요?
- Would you **mind** my opening the window?
  창문 좀 열어도 될까요?

mind는 마음, 의향, 지성, 기억의 뜻을 갖는 명사이다. 그리고 동사로 쓰일 때는 싫어하다, 꺼려하다, 반대하다란 뜻이다. 여기서는 동사의 쓰임새에 대해 알아보자.
대개 mind는 의문문이나 부정문에 쓰인다. Do you mind~?, Would you mind~?는 허락을 구하거나 뭔가를 요청할 때 자주 쓰인다. mind 다음에는 -ing형이나 if절이 온다.
이런 요청에 대해 허락할 때에는 No라고 해야 한다는 것을 잊지 말아야겠다.

2 burned out

- The hotel was completely **burnt out**; only the walls remained.
  호텔은 완전히 타버려서 벽만 남았다.

우선 be burned[burnt] out은 화재로 다 타버리다는 뜻이다. 하지만 대화문에서는 일을 너무 열심히 하거나 과음을 해서 건강이 안 좋아지고 기진맥진해버렸다는 것을 나타낸다.

3 go for

- Jackson is **going for** his second medal here.
  잭슨은 여기서 두 번째 메달을 따기 위해 노력하고 있다.

~하러 가다, 얻고자 노력하다, 지지하다, 좋아하다등의 여러 가지 뜻이 있다. 여기서는 지지하다의 뜻으로 쓰였다.

DIALOGUE 2 Track 9

WHAT IF WE PUT THE TABLE NEXT TO THE CHAIR?

테이블을 의자 옆에 두면 어떨까요?

Sandra **How does this look?**

George **I don't know. It's still[1] not quite right.**

Sandra **What if[2] we put the table next to the chair?**

George **Now there's an idea[3].**

S 이건 어떻게 보이니?
G 모르겠어. 아직도 이상해.
S 테이블을 의자 옆에 두면 어떨까?
G 좋은 생각이군.

1 still

- I **still** enjoy this type of music.
  난 아직도 이런 종류의 음악을 즐겨 듣는다.
- He died a long time ago, but his ideas are **still** alive.
  그는 오래 전에 죽었지만 그의 사상은 아직도 살아 숨쉬고 있다.
- Keep **still** while I tie your shoe.
  당신 신발 끈을 매줄 테니까 가만 있어요.

still은 문장의 중간에 위치하는 부사이다. always, hardly, sometimes, really, usually와 마찬가지로 본동사 앞에 위치하며, be동사 다음에 위치한다. 조동사와 본동사가 나왔을 경우 그 사이에 위치한다.
still은 형용사로도 쓰인다. **조용한, 움직임 없는** motionless의 뜻이 된다.

2 what if

- **What if** we go and see a film tomorrow night?
  내일 밤 가서 영화 보는 게 어때?
- **What if** we get burgled while we're on holiday?
  휴가기간 동안 도둑 맞으면 어쩌지?

What if~?는 What will happen if~?의 생략형으로 **~하면 어떻게 될까요?**라는 뜻을 나타낸다. 가정의 표현이면서 제안을 하고 상대의 의견을 묻는 표현이기도 하다.
어쨌든 if절은 미래의 의미지만 현재 시제로 나타낸다. 조건절과 시간절은 미래의 의미라고 하더라도 현재 시제로 해 준다는 것 잊지 말아야겠다.

3 Now there's an idea

A : We could rent a car when we get there.
거기 도착해서 차를 빌릴 수 있어.

B : **That's an idea!**
좋은 생각이다!

There's an idea는 That's an interesting idea 그것 참 재미있는 생각이다라든지 I like that idea와 같은 느낌의 표현이다. Now that's an idea라고도 하지만 now를 생략하면 진심으로 그렇게 생각하고 있는 것이 아니라는 뉘앙스를 풍기므로 주의한다.

DIALOGUE 3 Track 9

YOU SHOULD GIVE HER A CALL

그녀에게 전화해봐

Kelly It **looked like**[1] you and Sue really **hit it off**[2] Saturday night.

Andy Yeah. She's **terrific**[3], but…

Kelly But what?

Andy I'm not **real**[4] sure if she's interested in me.

Kelly Nonsense, Andy. You **should**[5] give her a call.

K 토요일 밤에 너와 수는 마음이 아주 잘 맞는 것 같던데.
A 그래. 그녀는 최고였어. 하지만…
K 하지만 뭐?
A 나한테 관심이 있는지 어떤지 정말 모르겠어.
K 무슨 말 하는 거야, 앤디. 그녀한테 전화해봐.

1 look like

- You **look angry** - what's the matter?
  화나 보여. 무슨 일이야?
- She **looks like** her mother.
  그녀는 엄마와 닮았다.
- You **look as if** you've had a bad day.
  힘든 하루를 보낸 것 같아.
- The boss **looked** at me angrily.
  보스가 화가 나서 날 쳐다봤다.

look은 seem, appear와 마찬가지로 불완전 자동사로 쓰인다. look 다음에는 형용사가 온다. look like 다음에는 명사가 오고, 절이 올 경우에는 look as if + 절의 형태를 이룬다. 하지만 구어체에서 as if 대신 like를 쓰는 경우가 많다.
또한 look은 어떤 사물 쪽으로 시선을 돌리다란 뜻이며, 부사와 함께 쓰일 수 있다.

2 hit it off

- I knew you'd **hit it off** with Mike.
  네가 마이크와 잘 지낼 줄 알았어.

hit it off (with somebody)는 일치하다, 만나자마자 사이좋게 지내다라는 구어적인 표현이다.

3 terrific

She's terrific은 그녀가 무섭다, 끔찍하다라는 뜻이 아니라 아주 훌륭하다, 끝내준다(She kills me)는 뜻이다. 반대말은 She's terrible 그녀는 끔찍하다이다.

4 real

- That was **real** nice. 그것 정말 멋졌어.
- She cooks **real** well. 그녀는 요리를 잘해.

구어체에서 특히 미국 영어에서 real은 부사와 형용사 앞에 really 대신 쓰인다. 이렇게 쓰인 것을 잘못 되었다고 생각하는 사람들도 있다.

5 should

should는 우리말로 하면 ~하는 게 좋겠다에 해당하는 조동사이다. 비슷한 뜻으로 쓰이는 had better는 명령조가 강한 표현이므로 유의하자.

DIALOGUE 4 Track 9

YOU'D BETTER MOVE IT

그걸 옮기는 게 좋겠어요

Kelly I think you'd better move the painting to the bedroom.

Andy What's wrong? Don't you like this painting?

Kelly Sure I do. I'm just suggesting it **might**[1] look better **in there**[2].

Andy I know you don't like my painting.

Kelly I told you I do. It's just an idea. It's not important.

Andy **Actually**[3], it might look really good in the bedroom.

K 그림을 침실로 옮기는 게 나을 것 같아요.
A 뭐가 잘못됐어? 이 그림 싫어하는 거야?
K 나야 물론 좋아하죠. 전 그냥 침실에 두면 더 나아보일 거라고 제안하는 거예요.
A 당신이 내 그림 좋아하지 않는다는 걸 알아.
K 좋아한다고 말했잖아요. 그냥 생각일 뿐이에요. 별거 아니에요.
A 사실, 침실에 있으면 정말 좋아 보일 거야.

1 might

- I **may** go to London tomorrow. 가능성 50%
  내일 런던에 갈 수도 있어.
- Joe **might** come with me. 가능성 30%
  조가 같이 가 줄거야.

may와 might는 어떤 일이 일어날 가능성을 표현할 때 쓰이는 조동사이다. may의 과거형 might는 may보다는 가능성이 희박할 때 쓰인다. would, could와 마찬가지로 might도 조건이나 공손함을 표현할 때도 쓰인다.

2 in there

- I know there's a mouse **under there** somewhere.
  거기 아래 어딘가에 쥐 한 마리가 있어.
- How are you getting on **over there** in paris?
  파리에서 어떻게 지내고 있니?
- Most of the food had been eaten by the time I **got there**.
  내가 거기에 도착했을 때쯤 대부분의 음식이 없었다.

there는 부사이지만 의미상 전치사와 함께 쓰일 수 있다. in there, out there, under there, over there이 그 예이다. 부사 there의 다른 쓰임새도 익혀두자.

3 actually

- People think we've got lots of money, but **actually** we're quite poor. 대조
  사람들은 우리가 돈이 많다 생각하지만, 사실 우린 너무나 가난하다.
- I never get bored by this city. **In fact**, whenever I return I find something new to interest me. 전개
  이 도시에 결코 질리지 않는 것 같다. 사실, 돌아올 때마다 흥미를 끄는 신선한 것을 발견하게 되거든.

actually가 in fact를 의미할 때는 서로간의 오해를 풀고자 할 때 쓰인다. 즉 actually를 사이에 두고 이전 문장과 뒤 문장은 내용의 대조를 보인다.
그러나 단순히 이전 문장을 전개하고자 할 때는 actually가 아니라 in fact나 as a matter of fact를 써야 옳다.

DIALOGUE 5 Track 9

HOW ABOUT DRIVING OUT?

드라이브 가는 게 어때요?

Jesse What a beautiful day! How about driving out to Crystal Lake?

Susan Sounds great. Let's **take**[1] a picnic lunch.

Jesse Good idea. Well, it looks like we'll have to stop along the way to **do some shopping**[2].

Susan How do you usually get to Crystal Lake?

Jesse I take Route 23.

Susan **How come**[3] you don't use the new freeway?

J 날씨가 정말 좋구나! 크리스탈 호까지 드라이브할까요?
S 좋지요. 도시락을 갖고 가요.
J 좋아요. 그럼 도중에 멈춰 뭐 좀 사는 게 좋을 것 같네요.
S 크리스탈 호에는 평소에 어떻게 가요?
J 23번 도로를 지나서 가요.
S 새 고속도로를 이용하지 그래요?

맞을 때 이런 기분이구나.. 헤~~

1 take

- She **took** my plate and gave me a clean one.
  그녀가 내 접시를 가져가더니 깨끗한 접시를 주었다.
- Could you **take some money out of** my wallet?
  내 지갑에서 돈 좀 빼주실래요?
- **I took off[put on]** my coat.
  나는 코트를 벗었다[입었다].
- He **took a ring out of** his pocket and put it on her finger.
  그는 주머니에서 반지를 하나 꺼내더니 그녀의 손가락에 끼워주었다.
- Can you **take me to** the station tomorrow morning?
  내일 아침에 저를 역까지 데려다 주시겠어요?
- **Take this form to** Mr.Collins, ask him to sign it, and bring it back.
  이 서류를 콜린스 씨에게 가져가서 서명을 받고 다시 가져와.

이번에는 take에 대해 알아보자. take는 우선 give 주다 와 반대말이다. take + something 다음에는 from/out of/off + 장소가 뒤따른다.
그리고 take는 put 놓다의 반대말이다. 마찬가지로 off/out of + 장소가 뒤따른다.
마지막으로 take는 bring 가져오다의 반대말이다. 화자로부터 물건을 멀리 혹은 다른 쪽으로 가져갈 때 쓰인다.

2 do some shopping

~하러 가다라고 할 때 go + v-ing로 하면 된다. go swimming 수영하러 가다, go fishing 낚시하러 가다, go shopping 쇼핑가다이 그 예이다.
하지만 집안일인 경우는 do를 사용한다. do the[some] shopping 쇼핑가다, do the laundry 빨래하다, do the dishes 설거지하다라고 한다.

3 how come

- **How come** Dave's home? Isn't he feeling well?
  어째서 데이브가 집에 있지? 기분이 안 좋은가?

how come은 why로 바꿔 쓸 수 있다. 어째서, 왜라는 뜻을 가진다. 하지만 why와 달리 how come 뒤에 따라오는 절은 평서문의 어순으로 해야 한다.

⑤ 추측과 확신 GUESS AND CERTAINTY

Probably

Are you sure?
She must have studied for hours
He'll be just fine
I bet he will never show up
I guess you had a big night

Track-10

WARMING UP

Probably

George Sandra, did you pay last month's electric bill?
Sandra I think so. Why?
George Because none of the lights work.
Sandra We probably blew a fuse. I'll go check.

WORD

electric 전기의 bill 계산서, 법안, 수표 light 등불, 빛, 가벼운 work 작동하다, 일 blow 불다, 불어오다 fuse 퓨즈

G 산드라, 지난달 전기요금 냈어?
S 그렇게 생각하는데. 왜?
G 불이 안 켜져서 말야.
S 아마도 퓨즈가 나갔겠지. 가서 확인할게.

A — Perhaps he won't do it again.
B — No, maybe not.

그는 두 번 다시 그런 일을 하지 않을 거예요.
예, 하지 않아야죠.

A — I guess you will be very busy tonight.
B — Likely enough.

오늘 밤은 매우 바쁘실 것 같네요.
아마 그럴 것 같아요.

A — Do you think the Chicago Bulls will win the game?
B — Probably not.

시카고 불스가 이길 거라고 생각하세요?
아마 그렇지 않을 겁니다.

A — Do you have time to play any ball this weekend?
B — Definitely. My last exam is on Friday, so I'll be free all weekend.

이번 주말에 농구라도 할 시간 있어?
물론이지. 마지막 시험이 금요일이니까 주말에는 시간이 남을거야.

Q 친구가 **"평소와 다른 모습으로 보였을 때"** 뭐라고 하나요?

A 누군가가 평상시와 다르게 행동하는 모습을 봤을 때 That's not like him이라고 할 수 있습니다. 비슷한 뜻으로 Did you get up on the wrong side of the bed? 너 어디 아프니? 안하던 짓을 하고 말아?가 있습니다. I'm not myself today라고 하면 오늘은 내가 제정신이 아니야. 라는 뜻의 표현입니다.

DIALOGUE 1 Track 10

ARE YOU SURE?

확실해요?

Sandra We're late!

George No, we're not. The concert doesn't start **until**[1] 8:30.

Sandra No, the paper was wrong, George. I called the box office and checked. It starts at 8.

George **Are you sure**[2]?

Sandra **I'm positive**[3].

George Well, we'd better hurry then.

S 우리 늦었어!
G 아니, 괜찮다니까. 연주회는 8시 반에나 시작하잖아.
S 아니야. 그 안내서가 잘못된 거야, 조지. 매표소에 전화해서 확인했어. 8시에 시작한대.
G 확실해?
S 틀림없어.
G 그럼, 서둘러야겠네.

여기 모래 좋은 걸~
우 왓!
너희들 왠일이야?

1 until

- You'll have to leave **by** Monday midday at the latest.
  아무리 늦어도 월요일 정오에는 떠나도록 해.
- Can you repair my watch **by** Tuesday?
  화요일까지 시계 고쳐주실 수 있어요?
- I usually work **from nine to[till] five.**
  나는 보통 9시부터 5시까지 일한다.
- We walked **to[as far as] the edge of the forest.**
  우리는 숲 끝까지 걸어갔다.

until은 **~까지**(시간) 라는 뜻을 가지고 있으며, 전치사 및 접속사로 쓰인다.
시간을 나타내는 또 다른 전치사 by와 비교해보자. until은 상황이 어느 순간까지 지속될 때 쓰인다. 반면 by는 미래의 순간에 혹은 그 이전에 일어날 상황에 대해 얘기할 대 쓰인다. 즉, 숙제를 이번 주 내로 내는 거라면 by the week, 이번 주까지 내내 공부해야한다면 until this week라고 할 수 있다.
until과 to를 비교해보자. until은 행동이 끝나는 시간을 표시할 때 쓰이며 공간의 의미로는 쓰이지 않는다. 한편 to는 from A to B A부터 B까지와 같은 구문에서 쓰이며 공간에 쓸 수 있다. 이 경우 to대신에 till은 가능하다.

2 are you sure?

Are you sure? 확실합니까? 는 상대의 생각을 다시금 확인하는 물음이다. Are you certain?, Are you positive?로 바꿔 쓸 수 있다. Are you sure about + 명사구?, Are you sure that 절?의 문형으로 쓰일 수 있다.

3 I' m positive

- I'm certain/sure. 확신합니다.
- I'm absolutely positive/certain/sure. 확신합니다.
- Absolutely! 확신합니다.
- Positively! 확신합니다.

I'm positive는 Are you sure?과 같은 물음에 대한 대답으로 확신합니다 란 뜻이다. 위는 비슷한 표현들이다.

DIALOGUE 2 Track 10

SHE MUST HAVE STUDIED FOR HOURS

그녀는 몇 시간이고 공부했음이 틀림없어

Andy I don't believe Susan got an A on her French test.

Kelly Me either. She was **failing**[1] the class.

Andy **I wonder**[2] how she did it.

Kelly She must have studied for hours.

Andy Either that, or she **cheated**[3].

A 수잔이 불어시험에서 A를 받았다니 믿을 수 없어.

K 나도 그래. 그 수업에서는 낙제나 다름이 없었잖아.

A 어떻게 한 걸까?

K 틀림없이 몇 시간이고 공부했을 거야.

A 그랬거나 아니면 커닝을 했겠지.

1 fail

- Unfortunately, I **failed** the exam.
  불행히도 나는 그 시험에 떨어졌다.
- I **passed** the written paper but **failed (on)** the oral test.
  나는 필기시험은 통과했지만 구술시험에는 떨어졌다.
- She **did well in** chemistry but **failed (in)** maths.
  그녀는 화학 시험은 잘 봤지만 수학은 낙제했다.

fail은 **실패하다**라는 뜻의 동사이다. fail in + something을 하면 succeed in + something ~에 성공하다의 반대표현으로 **~에 실패하다**라는 뜻이 된다. 여기서는 타동사로서 과목이나 시험에 **낙제하다**란 뜻이다.

2 I wonder

- **I wonder** if I'll recognize Phillip after all these years.
  이렇게 세월이 흘렀는데 내가 필립을 알아볼 수 있을까?
- **I wonder** if I might have a glass of water.
  물 한 잔 주시겠어요?
- **No wonder** you've got a headache, the amount you drank last night.
  네가 어젯밤 마신 술 생각하면 두통이 생기는 게 당연하지.

I wonder~은 **어떻게 그렇게 됐을까?**라는 뜻으로 의문 궁금함 이나 놀라움을 나타낸다. No wonder란 표현은 당연한 일에 대해 **전혀 놀랄 것도 못 된다**는 뜻이다.

3 cheat

커닝 페이퍼 → cheat sheets, crib notes
베껴 쓰기 → plagiarizing
벼락치기 → cramming
재시험 → make-up test

시험에서 남의 답안을 베끼는 부정행위를 cheating이라고 한다. 흔히들 말하는 커닝 cunning은 잘못된 영어이다. 이것은 일본 사람들이 말하던 칸닝구를 받아들였다가 점차 커닝으로 바뀐 것이다. 사실 cunning은 **교활한**이란 뜻의 형용사이다.

DIALOGUE 3 Track 10

HE'LL BE JUST FINE

그는 좋아질 거야

Sandra Do you think **he'll be all right**[1], Doctor?

George I think he'll be just fine. In fact, Jim should **be ready to**[2] go home in a week **or so**[3].

Sandra That's wonderful news, Dr.Johnson.

George Yes. He was awfully lucky, but he'd better be more careful next time.

S 선생님, 그는 괜찮을 것 같습니까?

G 곧 좋아질 거라고 생각합니다. 사실, 짐은 1주일 정도 지나면 집으로 돌아갈 수 있게 될 겁니다.

S 정말 잘됐네요, 존슨 선생님.

G 예. 그는 아주 운이 좋았어요. 하지만 다음부터는 좀 더 조심을 하는 게 좋을 겁니다.

1 be all right

- Until recently, women didn't have **the right to** vote.
  최근까지만 하더라도 여성에게는 투표권이 없었다.
- **Am I right in thinking that** you come from Australia?
  네가 호주 출신이라고 생각했는데 맞아?
- Kay wrote the answers down **right off the bat**.
  케이는 바로 답안을 썼다.

He'll be all right, He'll be alright, He'll be okay, He'll be OK 모두가 같은 표현으로 **그는 괜찮아질 거야**란 뜻이다. 건강, 안부, 심정, 주변 상황 모두에 해당할 수 있다.
right는 다양한 뜻을 소유한 단어이다. 명사로는 **권리**, **오른쪽**이란 뜻이며, 형용사로는 **바른**, **옳은**, **오른쪽의**란 뜻이다. 부사로는 **바로**, **정확히**란 뜻이다.

2 be ready to

- We'**re ready[prepared] to** go.
  우린 갈 준비가 됐어.
- I don't want to take the test yet; I'**m not ready**[prepared] **for** it.
  아직 시험을 보고 싶지 않아. 준비가 안 됐는데.

be ready to + **동사 원형**은 **~할 준비가 되어 있다**란 뜻이다. be ready for + **명사구**로 쓰이기도 한다. 그냥 I'm ready라고만 해도 **준비됐어**란 뜻으로 많이 쓰인다. ready 대신에 prepared를 쓸 수 있다.

3 or so

- They had to wait **an hour or so** for the police to arrive.
  그들은 경찰이 오기를 약 한 시간 정도 기다려야만 했다.
- There were **around/about** fifty people there.
  거기에 사람들이 약 50명 있었다.

A : What time shall I come? 내가 언제 오면 될까?
B : **Around/about** eight. 8시쯤에.

or so는 숫자 표현 다음에 쓰여 약 **~쯤**, **대략**이란 뜻이다. or so 대신 around나 about을 써도 된다. a week or so, about[around] a week 모두 쓸 수 있다.

DIALOGUE 4 Track 10

I BET HE WILL NEVER SHOW UP

그는 틀림없이 나타나지 않아

Kelly **I bet**[1] he will never **show up**[2] for this meeting.

Andy Are you sure?

Kelly I'm positive. I'll bet you $100.

Andy Oh, yeah? **What makes you**[3] so sure?

Kelly He said so to me last night.

K 그는 틀림없이 회의에 나타나지 않을 거야.
A 정말이야?
K 확실해. 100달러 걸을 수 있어.
A 그래? 어떻게 그렇게 자신 있게 말할 수 있는 거지?
K 그가 어젯밤 나한테 그렇게 말했거든.

1 I bet

- **I bet** Nigel's sitting at home now laughing his head off.
  분명 니겔은 집에서 우리를 비웃고 있을 거야.

I bet, I'll bet, Bet you, You bet이란 말을 많이 쓴다. bet은 원래 내기를 걸다라는 뜻이므로 I bet은 내기를 걸어도 좋을 만큼 자신이 있다는 말이다. I bet you're right는 I'm sure you're right 마찬가지다. Bet you는 I'll bet you에서 I'll이 생략된 형태이다.
You bet은 당신이 나하고 내기를 걸어도 좋다는 말이므로 Sure, Of course 또는 Certainly와 마찬가지로 물론이란 뜻이다.

2 show up

- Chris finally showed up when I was almost asleep.
  거의 잠에 빠져들 무렵 크리스가 나타났다.
- The sunlight **showed up** the cracks in the wall.
  햇살이 비쳐서 벽의 갈라진 틈이 보였다.

구어적 표현인 show up 은 당신을 기다리는 사람이 있는 장소에 **도착하다**란 의미가 담겨져 있다. 간단하게 나타나다, **등장하다**라고 해석하면 된다.
이런 자동사 용법 말고도 show up + something을 하면 전에는 분명하게 보이지 않았던 것을 **눈에 띄게 하다**란 뜻의 타동사가 된다.

3 what makes you

- **What makes you so grumpy** all the time?
  어째서 당신은 늘 그렇게 기분이 언짢은 거에요?
- **What made you come** here?
  뭣 때문에 여기에 왔나요?

직역하면 무엇이 당신을 그렇게 만드나요?라고 할 수 있다. 부드럽게 완역하자면 왜/어째서 당신은 그렇게 했나요?라고 할 수 있다.
what makes you 다음에는 형용사나 동사 원형이 온다. 평서문으로는 주어 + make + 목적어 + 목적보어로 쓰고 주어부분을 ~때문에라고 해석하면 된다. 이처럼 사물주어 문장은 이유나 양보의 의미로 해석하는 것이 좋다.

DIALOGUE 5 Track 10

I GUESS YOU HAD A BIG NIGHT

간밤에 재미있는 일이라도 있었던 거로군

Jesse You look tired and sleepy. I guess you had **a big night**[1].

Susan No. I returned from a trip to Canada yesterday.

Jesse Is that right? Then, you **must be**[2] feeling **jet lag**[3].

Susan I guess so. But I never get airsickness.

Jesse Good for you. I get sick every time I ride on a bus or a train, let alone aboard a plane or ship.

J 피로하고 졸려 보여. 간밤에 늦게까지 재미있는 일이라도 있었던 거구나.
S 아냐. 어제 캐나다 여행에서 돌아왔어.
J 그래? 그럼 시차 때문이구나.
S 그런 것 같아. 하지만 비행기 멀미는 안 해.
J 다행이군. 난 비행기나 배는 물론이고 버스나 열차를 타면 꼭 멀미를 하거든.

1 a big night

- **Big Apple** New York시의 별명
- **Big Brother** 대형
  사회주의 국가의 독재자: George Orwell의 〈1984〉에 등장함
- **big gun[shot]** 거물
- **big mouth** 수다쟁이[허풍쟁이]

big은 규모상 큰이란 뜻이지만 여기서는 successful 성공적인, important 중요한 라는 의미이다. 그렇다면 a big night은 한바탕 진탕 마시며 신나게 밤을 보냈다는 뜻이 되겠다.

2 must be

- Mary keeps crying. She **must** have some problem.
  메리가 울음을 그치지 않아. 분명 무슨 문제가 있는 게 틀림없어.
- There's somebody at the door. Who **can** it be?
  문밖에 누군가 있어. 과연 누구일까?
- It **can't** be the postman. It's only seven o'clock.
  우체부일 리가 없어. 7시밖에 안됐잖아.
- I don't think he **can have heard** you. Call again.
  그가 네 목소리를 들었을 리가 없어. 다시 불러봐.

must는 **~해야 한다**는 뜻의 의무, 강요의 의미도 있지만 대화문처럼 **~임에 틀림없다**는 뜻의 추측, 추론의 뜻도 있다. 여기서는 후자의 의미에 대해 알아보자.
must는 어떤 일이 논리상 일어날 게 틀림없다는 확신을 표현한다. 이런 의미일 경우 의문문이나 부정문에서는 must와 mustn't가 아니라 can과 can't를 쓴다.
must have + **과거분사**는 과거에 대한 추론으로 **~였음에 틀림없다**라고 해석한다.

3 jet lag

비행기를 타고 장거리 여행을 하면 겪게 되는 무기력증, 소화불량, 졸음을 jet lag라고 한다. lag은 **지연, 느림, 지체**란 뜻이다. 참고로, 문화적으로 타 집단이나 국가에 비해 발전이 더딘 현상을 cultural lag 문화지체라고 한다.

PART 3

감정표현편

① 화, 짜증 ANGER AND VEXATION

Kelly burns me up

She got angry
He hit the ceiling
It was driving me crazy
She must have been really mad
I'm really teed off at you

Track-11

WARMING UP

Kelly burns me up

Sandra You look mad at someone.
George Kelly burns me up.
Sandra Why?
George She stood me up last night.

WORD

look ~하게 보이다 mad 미친, 화가 난 burn~up 화가 나게 하다 stand~up ~을 세워두다, 바람 맞히다

S 너 누구한테 화가 난 모양이구나.
G 켈리 때문에 열 받았어.
S 왜?
G 어젯밤 날 바람맞혔거든.

A – You look irritated.
B – I am. I lost my keys.
너 화나 보이는구나.
그래. 열쇠를 잃어버렸어.

A – I'm so steamed at you!
B – I'll bet I know why.
너 때문에 화가 치밀어!
무슨 일 때문에 그런지 알겠다.

A – You looks fired up.
B – My girlfriend didn't show up for our date.
너 열 받은 것 같은데.
여자친구가 데이트 장소에 나타나지 않았어.

A – What? Another flat tire? That burns me up!
B – You've really been unlucky with your bicycle recently, haven't you?
뭐? 타이어가 또 바람이 나갔어? 분통 터지는군.
요즘 정말 당신 자전거에 재수가 없군요.

Q **"그는 정말 밥맛이야"**라고 할 때 뭐라고 하나요?

A He turns me off라고 하면 됩니다. turn on the light에서 light를 사람의 감정 혹은 성욕으로 이해하면 쉽지요. 그래서 turn on의 반대말인 turn off는 바로 그 욕구를 달아나게 만드는 걸 말하니까 혐오감, 거부감을 주다라고 해석이 됩니다. Sally really turns me off는 샐리는 정말 밥맛이야라고 번역하면 적당하겠죠.

DIALOGUE 1 Track 11

SHE GOT ANGRY

그녀는 화났어

George Kelly **got** pretty **mad at**[1] me this morning.

Sandra Why? What did you do?

Georgea I just told her I thought women should **stay out of**[2] politics.

Sandra That was a dumb thing to say. **No wonder**[3] she got angry.

G 오늘 아침에 켈리가 나한테 굉장히 화를 내더군.
S 왜? 네가 어떻게 했는데?
G 여성은 정치에 참견해서는 안 된다는 내 생각을 말했을 뿐이야.
S 멍청한 소리를 했군. 그녀가 화낼 만하다.

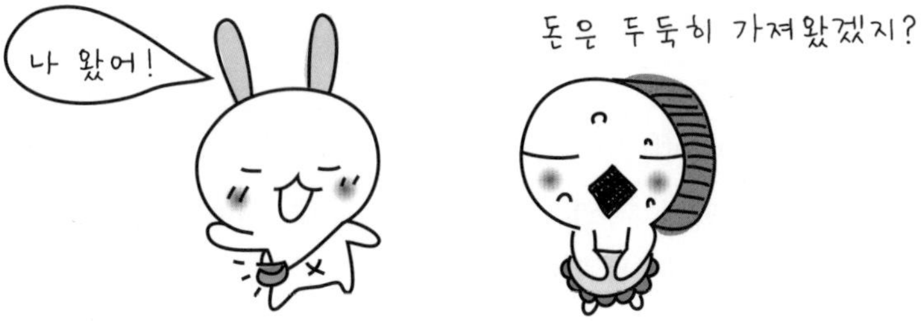

1 mad at

- Dad **got really mad at** me for scratching the car.
  아빠는 내가 차를 긁혔다고 무척 화를 내셨다.
- He was **aiming** a gun **at** me.
  그는 내게 총을 겨누고 있었다.

감정을 발산하는 표현을 할 때는 감정을 일으키는 대상이 있다. 이럴 때는 전치사 at으로 표현한다. 그 소식을 듣고 나는 기뻤다고 할 때 I'm glad at the news(I'm glad to hear the news)라고 한다.

그리고 감정이 일어난 이유나 원인은 for로 나타낸다. 뿐만 아니라 행동이 향하는 사물이나 사람을 나타낼 때도 마찬가지이다.

나는 사슴을 쏘았지만 빗나갔다고 할 때 I shot at the deer but missed라고 한다.

2 stay out of

- She's not completely cured but at least she's **out of danger**.
  그녀는 완쾌되지는 않았지만 최소한 위험은 벗어난 상태이다.
- We've always tried to **keep out of** local politics.
  우리는 지방정치에서는 손을 떼려고 항상 노력해 왔다.

out of는 어떤 상태에서 벗어난다는 것을 말한다. out of sight는 시각에서 벗어난 즉, 보이지 않는이 되고 out of date는 시대에서 벗어난이므로 유행이 지난이 된다. stay out of는 가까이 가지 않다, ~에 들어가지 않다라는 뜻으로 keep out of와 비슷한 표현이다.

3 no wonder

- **No wonder** you're upset.
  네가 당황하는 것도 무리는 아니다.
- The sight of Taj Mahal filled us **with wonder**.
  타지마할의 광경은 경이로웠다.

No wonder~는 ~에 대해 놀랄 것도 없다, ~은 무리도 아니다라는 기분을 나타내는 표현이다. It's no wonder 혹은 No wonder라고만 하기도 한다.

그리고 It's a wonder she survived라고 하면 그녀가 살아남았다니 놀랍다는 의미로 의외이다라든지 놀랐다라는 기분을 나타낸다.

DIALOGUE 2 Track 11

HE HIT THE CEILING

그는 노발대발하셨어요

Kelly **Did your father get angry when you totaled[1] his car?**

Andy **Get angry? Boy, he hit the ceiling[2].**

Kelly **Really? He must be short-tempered.**

Andy **You said it[3].**

K 당신이 아버지 차를 완전히 망가뜨려 놓은 걸 알고 아버지가 화를 내셨나요?

A 화를 내신다구요? 말씀 마세요, 노발대발하셨어요.

K 정말요? 성질이 급하신가 보군요.

A 맞아요.

1 total

▸ Losses **totaled** $3 million.
모두 합쳐서 손해액이 3백만 달러였다.

▸ Chuck ran into a telephone pole and **totaled** his dad's new Audi.
전봇대와 부딪쳐서 척은 아빠의 새 아우디를 완전히 망가뜨렸다.

total은 대개 **전체, 전부, 전부 ~이 되다**라는 뜻이다. 하지만 미국 구어체에서는 **고칠 수 없을 정도로 차를 심하게 망가뜨리다**라는 뜻으로 쓰이기도 한다.

2 hit the ceiling

▸ Dad **hit the ceiling[roof]** when I got home at 2 am.
내가 새벽 2시에 집에 들어가서 아빠는 몹시 화가 났다.

hit the ceiling은 **화를 몹시 내다, 노발대발하다**란 뜻의 구어체 표현이다. 직역을 통해서도 얼마든지 의미가 와 닿는다. 화가 머리끝까지 치솟아 천장에 부딪칠 정도라고 연상한다면 쉬울 것이다. 유사표현으로 hit the roof가 있다.

3 You said it

A : That test was really hard.
그 시험 정말 어려웠어.

B : **I'll say.** I think I failed it.
정말 그래. 난 시험 망친 것 같아.

상대의 말에 대해 **그렇고 말고, 내 말이 그 말이야, 그러게 말야**라고 동의하는 표현은 That's right, Right, I think so가 가장 일반적인 표현이다. 이런 표현들 외에 I'll say라든가 You can say that again, You said it등이 있는데, I'll say는 직역하면 **내가 말하겠다**지만 이런 뜻과는 거리가 멀고 **당신 말에 전적으로 동감이다** 혹은 **전적으로 옳아요**라는 뜻이다. I'll say는 상황에 따라서는 Of course, Sure 물론이야과 같은 뜻으로 쓰인다.

You can say that again은 미국인들이 자주 쓰는 말인데 이 말에는 **당신이 한 말이 매우 타당해서 되풀이해서 얘기할 가치가 있다**는 의미가 내포되어 있다.

You said it을 말할 때는 said를 강하게 발음하고 it은 보통 약하게 발음한다.

DIALOGUE 3 Track 11

IT WAS DRIVING ME CRAZY

정말 미치게 만들더구먼

George My car wouldn't start this morning.

Sandra I **had the same problem with**[1] my car. It was **driving me crazy**[2].

George What did you **finally**[3] do?

Sandra I had to buy a brand-new car.

George How did you afford it?

Sandra I **was able to**[4] get a loan from my bank.

G 오늘 아침 차가 시동이 안 걸리더라구.
S 내 차도 역시 그렇게 말썽을 부렸지. 정말 미치게 만들더구만.
G 결국 어떻게 했는데?
S 새 차를 사야 했지.
G 어떻게 살 여유가 생겼어?
S 은행에서 융자를 받아낼 수 있었지.

1 have a problem with

- I've been **having a few problems with** the car.
  차에 몇 가지 문제가 있었다.

have a problem with에서 problem은 곤란하게 만드는 상황을 의미한다. 그리고 Do you have a problem with that?은 의견에 반대하는 사람에게 반대하는 이유를 물어볼 때 쓰이기도 한다.

2 drive ~ crazy

- The noise from the neighbors is **driving me mad.**
  이웃에서 들려오는 소음 때문에 미칠 지경이다.

미치게 만든다, 미칠 지경이다라는 표현이다. It drives me crazy와 같은 표현으로 It drives me bananas, It drives me nuts, It drives me up the wall이 있다. 이 모두가 미국인들이 자주 쓰는 slang 속어이다.

3 finally

- **Finally**, as soon as you hear a beep, press the start button.
  마지막으로 삐삐거리는 소리를 들으면 시작 단추를 누르세요.
- When the bus **finally** arrived it was full up.
  버스가 드디어 도착했는데 꽉 차 있었다.

finally와 lastly는 문장 처음에 위치하며 이야기의 막바지에서 요점을 도입하고자 할 때 쓰인다. 그리고 finally와 eventually는 오랜 시간이 지나고 나서 드디어 뭔가가 나타났다고 할 때 쓰인다.

4 be able to

- All our children **can** swim.
  우리 아이들은 모두 수영할 줄 안다.
- You'll never **be able to** swim if you don't try.
  해보지 않으면 결코 수영을 못할 거야.
- The next generation will **be able to fly** to the moon for their holidays.
  다음 세대에는 휴가로 달에도 갈 수 있을 것이다.

can은 현재 능력에 대해 얘기할 때에 쓰이고 be able to는 사람의 미래의 능력, 즉 잠재력을 예측해 볼 때 쓰인다.

DIALOGUE 4 Track 11

SHE MUST HAVE BEEN REALLY MAD

그녀는 정말로 화가 났겠군요

Kelly Did you **hear**[1] what George did to Sandra last night?

Andy No. What?

Kelly He **left her stranded**[2] at the company party.

Andy Really? Was someone able to **give her a ride**[3] home?

Kelly No. She had to take a taxi. It cost her $25.

Andy She must have been really mad. **I wonder**[4] why he did that.

K 조지가 어젯밤에 산드라한테 어떻게 했는지 들었어요?
A 아뇨. 무슨 일인데요?
K 그가 회사 파티에서 그녀를 꼼짝 못하게 해 놓고 돌아갔대요.
A 정말이에요? 누군가 다른 사람이 그녀를 집까지 데려다줬어요?
K 아뇨. 그녀는 택시를 타야 했어요. 25달러나 들었대요.
A 그녀는 정말 노발대발했겠군. 그가 왜 그런 짓을 했을까?

1 hear

▸ I could **hear** two people talking but I didn't **listen to** what they were saying.
두 사람이 얘기하는게 들렸지만 무슨 얘기를 하는지 들을 수가 없었다.

hear과 listen to를 비교해보자. hear는 귀로 소리가 들리는 것이고 listen to는 라디오나 테이프 음악을 듣는 것과 같이 집중을 해서 듣는 것을 말한다.

2 strand

▸ She **was left alone** at home.
그녀는 집에 혼자 남겨졌다.

▸ He was **stranded** penniless.
그는 꼼짝없이 무일푼이 되었다.

leave + ~ + 과거분사는 누군가를 ~한 채로 남겨두다의 뜻이 된다. strand는 좌초시키다, 오도 가도 못하게 하다라는 뜻이다.

3 give ~ a ride

▸ Shall I **take you for a ride** in my car?
내가 차로 당신을 데려다줄까요?

차로 태워다 주다라고 할 때 give ~ a ride[lift]라고 한다. 또는 take ~ for a ride라고 한다.
서양에서는 파티에 갈 때 대개 파트너를 데리고 간다. 그리고 남자는 여자 집에 들러 차에 태우고 파티에 데려가며 끝나면 다시 집에 데려다 주는 것이 일종의 에티켓이다.

4 I wonder

▸ **I wonder** why he's always depressed.
무엇 때문에 그는 항상 기분이 우울한 걸까?

스스로도 확신이나 납득이 가지 않는 때의 표현이다. I wonder뒤에 의문으로 생각되는 내용이 오지만 중요한 것은 의문사절은 의문사 + 주어 + 동사 어순이란 점이다. I wonder why he did that은 도대체 그가 왜 그런 일을……이라는 놀라움을 나타내고 있다. 이해할 수 없다는 느낌이 전해져 온다.

DIALOGUE 5 Track 11

I'M REALLY TEED OFF AT YOU

난 당신 때문에 정말 짜증이 나요

Susan **I'm really teed off at you**[1], Jesse.

Jesse Why? What did I do?

Susan You never put the toilet seat down when you finish **taking a leak**[2].

Jesse I don't see why you're so mad. You never put it up for me!

Susan Yes, but men **are supposed to**[3] be **considerate**[4] of women!

S 제시, 난 당신 때문에 정말 짜증이 나.

J 왜 그래? 내가 뭘 어쨌다구?

S 소변을 본 뒤에 변기 좌석을 한 번도 내려놓지 않잖아.

J 왜 당신이 화를 내는지 모르겠군. 당신도 날 위해 그걸 올려놓지 않긴 마찬가지잖아!

S 그건 그래. 하지만 남자들이 여자들을 배려해줘야 하는 것 아니야?

평생에 맛 볼 수 없는 억울한 맛이야... 흑

1 teed off

- You always get so **ticked off** when you lose.
  너는 지기만 하면 항상 열 받는구나.

teed off는 **화가 난** angry이란 뜻으로 보통 정도의 분노를 나타내는 속어 slang 표현이다. 원래 tee는 골프공을 올려놓는 곳을 말한다. 동사로는 tee ~ off나 tee off on ~로 쓰인다. 둘 다 **~를 화나게[짜증나게] 하다**이다.
이와 비슷하게 쓰이는 또 다른 slang으로는 ticked off가 있다. 우리말로 하면 **열 받다, 뚜껑 열리다** 정도로 해석할 수 있겠다. tick은 **노하게 하다, 똑딱똑딱 시간을 알리다**라는 뜻이다.

2 take a leak

- There's **a leak** in the car radiator.
  자동차 라디에이터에 구멍이 났다.

이 또한 slang이다. take a leak 혹은 have a leak은 urinate 소변을 보다의 뜻이다. leak은 본래 액체나 가스가 흘러나오는 구멍이나 그런 현상, 비밀정보가 언론에 유출되는 것을 가리킨다.

3 suppose

- How many pages **are** we **supposed to** write?
  우리가 몇 장이나 써야 하는 거지?
- You **were supposed to** be here in five minutes.
  넌 여기에 5분 내로 오기로 했잖아.

suppose는 **추측하다, 생각하다, 가정하다**라는 뜻이다. be supposed to의 구문을 취하면 **~하기로 되어 있다**는 뜻이 된다. 예정이나 의무를 나타낸다.

4 considerate

- Diana is a **considerate** boss who is always willing to listen.
  다이애나는 항상 남의 말에 귀 기울일 줄 아는 자상한 상사이다.
- She has **considerable** influence with the President.
  그녀는 대통령에게 막대한 영향을 끼친다.

considerate는 **남에 대해 배려할 줄 아는**이란 뜻의 형용사이다. 동사 consider 고려하다에서 나온 또 다른 형용사 considerable은 **양적으로 상당한, 중요한**이란 뜻이므로 구별해야겠다.

② 낙담과 우울

DEPRESSION AND DISCOURAGEMENT

You look depressed

It's so depressing
Why so blue?
Why the long face?
Don't let it get you down
You've been down in the dumps

Track-12

WARMING UP

You look depressed

George You look depressed.
Sandra I made a big mistake today.
George No use crying over spilt milk.

WORD

mistake 실수, 잘못 make a mistake 실수하다
It' s no use v-ing ~해봤자 소용없다
spilt 엎질러진 spill (엎지르다)의 과거분사

G 우울해보여.
S 오늘 큰 실수를 했어.
G 물을 엎질러놓고 울어봤자 소용없어.

A –◦ I always feel depressed during the winter.
B –◦ I think a lot of people do.

겨울만 되면 난 항상 우울해.
많은 사람들이 그런다고 봐.

A –◦ Steve is so moody!
B –◦ I wish he could just be happy like everybody else.

스티브는 너무 우울해!
다른 사람들처럼 그도 행복했으면 좋겠어.

A –◦ You sure are in a lousy frame of mind today.
B –◦ I don't know why. I just woke up this way.

너 오늘 기분이 아주 엉망이구나.
왜 그런지 모르겠어. 아침에 눈 뜰 때부터 이랬어.

A –◦ Boy, you sure look unhappy today.
B –◦ Sorry.
I think I just got up on the wrong side of the bed today.

이런, 오늘 너 정말 안 좋아 보인다.
미안. 아침에 일어날 때부터 기분이 안 좋았어.

Q

노래방에 가면 음치는 기를 못 폅니다.
"나는 음치다"는 영어로 뭘까요?

A

미국 사람들은 파티를 한다고 해도 우리나라처럼 돌아가며 강제로 노래를 시키는 일은 별로 없답니다. 나는 음치다를 영어로는 I can't carry a tune 이라고 합니다. 혹은 I'm tone-deaf 라고도 합니다. **tune**은 멜로디이고 **tone**은 음의 높낮이를 말합니다.

DIALOGUE 1 Track 12

IT'S SO DEPRESSING

그건 너무 우울해

Sandra Why do you **listen to**[1] that country music all the time?

George Because I like it.

Sandra But **it's so depressing**[2]. Couldn't you play something else **for a change**[3]?

George Well, why don't you **put something on**[4], then?

S 그 컨튜리 뮤직을 뭣 때문에 계속 듣고 있는 거야?
G 좋아하니까 그렇지.
S 하지만 그건 너무 우울해. 기분전환으로 다른 걸로 틀어줄래?
G 그러면 네가 뭔가 틀면 되잖아?

1 listen to

P.127 hear 참조

- I can **hear** someone knocking.
  누군가 문 두드리는 소리가 들린다.
- I was **listening to** music.
  나는 음악을 듣고 있었다.

hear는 들려오는 소리를 듣는 자연스런 지각을 나타내지만 listen은 주의해서 듣는 것을 말한다. 따라서 영어 청취력 테스트를 hearing test라고 하는 것은 맞지 않다. listening test라고 해야 옳다.

2 depress

depress는 press에서 비롯된 단어이다. press는 **누르다**라는 뜻이다. 사람을 누른다면 정신적으로는 압박감을 주는 것이고 결국 **침울하게 하다**의 뜻이 된다.
impress는 안에 뭔가를 눌러 자국을 남기는 의미이기 때문에 **~한 인상을 남기다**라는 뜻이 된다.
compress com은 함께의 의미는 **함께 누르다**에서 비롯하여 **압착하다**라는 뜻을 갖는다. 이처럼 어원을 알면 영어단어를 익히는 데 도움이 된다.

3 change

- You can't **change** iron into gold.
  쇠를 금으로 바꿀 수는 없다.
- It's time you **changed** your socks.
  양말 갈아신을 때이다.
- Let's go to a restaurant **for a change**.
  기분 전환으로 식당에 가서 식사하자.

change는 **변하다**, **바꾸다**, **옷 갈아입다**, **변화**, **거스름돈**이라는 다양한 뜻을 내포한다. for a change에서 change는 **일시적인**, **기분전환**이라는 뜻이다.

4 put on

- Shall I **put** the kettle **on**?
  주전자 올려놓을까요?
- It took me half an hour to **put on** the dress.
  그 옷 입는 데 반시간 걸렸다.

put on은 보통 **옷을 입다**라는 뜻으로 쓰이지만 여기서는 버튼을 눌러서 전기나 가스 제품을 **가동하다**라는 뜻이다.

DIALOGUE 2 Track 12

WHY SO BLUE?

왜 그렇게 우울한 표정이지?

Kelly Why so blue, Andy?

Andy Susan dumped me and got engaged to[1] some other guy.

Kelly Did she?

Andy Yeah. What am I supposed to do now[2]?

Kelly Don't go to pieces[3], Andy. This is not the end[4] of the world.

K 앤디, 왜 그렇게 우울한 표정이지?
A 수잔이 나를 버리고 다른 남자와 약혼했어.
K 그랬어?
A 응, 난 이제 어쩌면 좋지?
K 절망하지 마, 앤디. 이것으로 세상이 끝난 것은 아니니까.

1 get engaged to

- Have you met the man she's **engaged to**?
  그녀의 약혼자와 만나 봤니?

~와 약혼하다라고 할 때는 get[be] engaged to~, 결혼하다라고 할 때는 get married to somebody라고 한다. with가 아니라 to를 사용하는 것에 주의한다.

2 What am I supposed to do now?

What am I supposed to do now?는 What shall I do? 저 이제 어쩌죠?로 바꿔 쓸 수 있다.

3 go to pieces

- We're looking for someone who won't **go to pieces** in a crisis.
  우리는 위기에서도 결코 무너지지 않는 사람을 찾고 있습니다.

go to pieces란 사람의 정상적인 몸을 one piece라고 할 때 여러 개의 작은 조각으로 산산조각 난다는 표현이다. 결국 크게 실망, 절망하다는 뜻이다.
이런 상태에 있는 사람을 두고 Pull yourself together라고 하면 너무 절망하지 말고 정신 좀 차려라라는 뜻이 된다. 즉 pull yourself together는 산산조각 난 마음을 다시 추슬러라는 표현이 되겠다.

4 end

- The long hot summer was at last **at an end**.
  길고도 무더웠던 여름이 마침내 막바지에 이르렀다.
- Learning to play the piano was **an end in itself**.
  피아노 연주를 배우는 것 자체가 목적이었다.
- He'll **end up in** prison if he's not careful.
  조심하지 않으면 결국 그는 감옥에 갇힐 것이다.
- We were going to go out, but **ended up watching** videos.
  외출할 생각이었는데 결국 비디오를 보았다.

end는 끝, 죽음, 변두리, 목적 aim이라는 뜻의 명사이다. odds and ends는 잡동사니란 뜻이다. end가 동사로 쓰일 때는 끝내다, 끝나다, 결국 ~이 되다란 뜻이다.

DIALOGUE 3 Track 12

WHY THE LONG FACE?

왜 우울한 얼굴이야?

Sandra Why the long face, George?

George Yesterday was our wedding anniversary and I forgot about it.

Sandra Oh, yeah? Why don't you **buy**[1] her a present or flowers today? **It's better late than never**[2].

George Yeah, you're right. I'll **take her to a fancy restaurant**[3] tonight.

Sandra Good thinking, George.

S 조지, 왜 우울한 얼굴이야?

G 어제가 우리 결혼기념일인데 깜빡했지 뭐야.

S 그래? 그럼 오늘 부인한테 선물이나 꽃을 사주면 되잖아? 늦어도 안 하는 것보다 낫잖아.

G 그래, 그 말이 옳아. 오늘 저녁에 고급 식당에 데리고 가야지.

S 잘 생각했어, 조지.

1 buy

- They say the judge was **bought**.
  재판관이 매수되었다는 얘기가 있다.
- I'll **buy** that.
  그것으로 채택하겠어.
- We could say it was an accident, but he'd never **buy** that.
  그게 사고였다고 말할 수 있겠지만 그에게는 먹혀들지 않을 걸.

buy는 보통 **사다**, **구매하다**라는 뜻으로 쓰이지만 다른 뜻도 있다. **매수하다** bribe, **획득하다**, **찬성하다**, **어떤 의견을 받아들이다**의 뜻도 함께 쓰인다. 명사로 **싸게 산 물건** a bargain, a steal이란 뜻도 있다.

2 It's better late than never

늦었지만 해야 할 일은 하는 것이 아예 하지 않는 것보다는 나은 법이다. 이것을 영어로 It's better late than never라고 하는데 It's를 생략해도 된다.
late는 형용사도 되고 부사도 된다. 얼핏 생각에 lately가 **늦게**라는 뜻이 될 것 같지만 실은 **요즘**, **최근에**(recently)라는 뜻이다. late는 It's too late 너무 늦었다와 같이 서술적으로도 쓰이고 I'm using a late model computer 나는 최신형 컴퓨터를 쓴다처럼 명사를 꾸미는 한정적인 용법으로도 쓰인다.
또는 죽은 사람 앞에도 쓰인다. **고(故) 박대통령**을 the late President Park이라고 한다.

3 fancy

- Wanting to go to Mexico was just a passing **fancy**. 명사
  멕시코에 가고 싶어 한 것은 지나가는 변덕일 뿐이었다.
- She **fancies** herself beautiful. 동사
  그녀는 자기가 미인이라고 자부한다.
- I just want a basic coat-nothing **fancy**. 형용사
  난 그냥 화려하지 않은 보통 코트를 원한다.

누군가를 어디로 데려가다라고 할 때 동사 take를 써서 take~ to~ 로 한다.
fancy는 **환상**, **공상**, **기호**처럼 명사로도 쓰이고 **~를 상상하다**라는 뜻의 동사로도 쓰이며 위 대화문처럼 **화려한**이란 뜻의 형용사로도 쓰인다.

DIALOGUE 4 Track 12

DON'T LET IT GET YOU DOWN

낙담하지 마

Kelly You can't let bad news get you down. **Keep your chin up**[1].

Andy **That's easy for you to say**[2]. You can't possibly understand what I've **been through**[3].

Kelly Perhaps not but negativity is not **healthy**[4].

Andy Thanks for the advice.

K 안 좋은 소식으로 낙담하지 마. 기운 좀 내.
A 말이야 쉽지. 내가 겪은 일을 이해 못할 거야.
K 그럴지도 모르지. 하지만 낙담은 건강에 해롭다구.
A 충고 고마워.

1 Keep your chin up

chin은 얼굴에서 입 아래 부분, 즉 턱을 일컫는다. jaw도 같은 턱이지만 귀 근처 턱 부분을 가리킨다. 그리고 chin은 얼굴 정면에서 본 턱을 가리킨다.
Keep your chin up!은 구어체에서 쓰이며 힘든 상황이지만 턱을 꼿꼿이 올린 모습으로 기운을 내라, 용기를 잃지 마라라는 격려의 표현이다.

2 That's easy for you to say

- **It** is hard **for** him **to** lift this bag.
  그가 이 가방을 들기는 힘들다.
- **It** is so kind **of** you **to** say so.
  그렇게 말씀하시다니 참 친절하시군요.

It be동사 + 형용사 + for/of + 의미상의 주어 + to 부정사의 문형이다. to 부정사 부분이 진주어고 It이 가주어다. 대부분의 경우 의미상의 주어부분은 for + 명사이지만 be 동사 다음에 오는 형용사가 사람의 성격이나 성질을 나타낼 때는 of를 쓴다. for 다음에 일반인 people, them, us등이 올 경우에는 생략할 수 있다.

3 be through

- How does she keep smiling after all she's **been through**?
  그렇게 힘든 일을 겪고도 어떻게 그녀는 웃고 다닐 수 있지?
- I've no idea how I managed to **get through** my exams last year.
  작년에 어떻게 시험을 잘 치렀는지 모르겠다.

보통 be through는 끝내다, 손 떼다의 의미지만 여기서는 힘든 일을 경험하다, 겪다 (go through, suffer from, experience)의 뜻이다.

4 healthy

- I've always been perfectly **healthy** until now. 건강한
  지금까지는 완벽한 건강을 유지하고 있다.
- I need **healthful** mountain air. 건강에 좋은
  내겐 건강에 좋은 산 공기가 필요하다.
- Worry can affect your **health**.
  걱정하다가 건강이 나빠질 수 있어.

대개 healthy는 **체력이 왕성한**이란 뜻으로 사람을 묘사할 때 쓰이며 healthful은 **건강에 좋은**이란 뜻으로 사물에 쓰인다. 그렇지만 혼용하기도 한다. 명사인 health는 셀 수 없는 단어이므로 앞에 관사를 붙이지 않는다.

DIALOGUE 5 Track 12

YOU'VE BEEN DOWN IN THE DUMPS

너는 계속 우울해하는구나

Jesse Susan, you've been **down in the dumps**[1] for months.

Susan I know. Nothing seemed to **cheer me up**[2].

Jesse Have you thought about seeing a psychiatrist?

Susan Not really. But maybe I should.

Jesse There are a lot of good anti-depressants **available**[3] these days.

Susan If I keep feeling so **down in the mouth**[1], I'll consider it.

J 수잔, 너 몇 달 동안 계속 우울해 하는구나.
S 나도 알아. 도무지 기운이 나질 않아.
J 정신과 의사한테 상담 받는 것에 대해 생각해 봤니?
S 사실 생각 안 해봤어. 하지만 그래야 할까봐.
J 요즘에는 좋은 우울증 치료약도 시중에 많이 나와 있어.
S 이렇게 계속 우울하면 그것도 고려해 봐야겠어.

1 down in the dumps / mouth

- I've been feeling a bit **down in the dumps** lately.
  요즘엔 기분이 좀 우울하다.
- Why's Tim so **down in the mouth**?
  왜 팀은 그렇게 축 처진거야?

우울함을 표현하는 데에는 많은 구어적 표현들이 있다. down in the dumps 풀이 죽어있는, have the blahs 기분이 뚱하다, feel blue 기분이 무겁다가 그것이다. dump는 **쓰레기를 버리다**라는 동사이지만 dumps는 **우울**이란 뜻의 명사이다.
down in the dumps는 **우울에 푹 빠진**이란 뜻이며, down in the mouth도 이와 마찬가지로 기분이 안 좋은 상태를 말한다.

2 cheer up

- He'll **cheer up** if you get him a beer.
  네가 그에게 맥주 한 병 사면 기운이 날거야.

cheer란 사람들의 기운을 북돋워주는 것을 말한다. cheer~ up은 **~를 격려하다**의 뜻이며 구어체에서 Cheer up!이라고 하면 **기운 내!**라는 응원의 말이다. 또한 cheerful은 **유쾌한**이란 뜻의 형용사이기도 하다.

3 available

- We've already used up all the **available** space.
  이미 사용할 수 있는 공간은 모조리 써버렸다.
- The university is trying to make more accommodation **available** for students.
  대학당국은 학생들이 사용할 숙박시설 확충에 노력하고 있다.

available은 다소 해석하기 곤란한 단어이다. 이에 해당하는 적당한 우리말이 없기 때문이다. 문맥에 맞게 처리하는 수밖에 없다. 어떤 사물이 available하다고 하면 그건 그 사물을 당장 사용할 수 있거나 구매할 수 있거나 찾을 수 있다는 말이다. 간단하게 **입수 가능한**이라고 해석한다.
또한 이 단어는 명사 앞과 뒤에서 모두 수식을 할 수 있다. avail은 본래 **이익**, **효용**, **쓸모가 있다**라는 뜻이다. avail oneself of는 ~을 **이용하다**라는 뜻의 숙어이다.

③ 걱정과 두려움 WORRY AND FEAR

I'm scared to death

I'm afraid of heights
I'm worried about it
I'm really nervous!
You're such a worrywart
You were really frightened

Track-13

WARMING UP

I' m scared to death

George You're on next.

Sandra I'm scared to death.

George Don't be nervous. You'll do fine.

WORD

scare 겁주다 death 죽음(die의 명사)
be scared to death 겁이 나서 죽을 지경이다
nervous 초조한, 불안한

G 다음 차례는 너야.
S 겁이 나서 죽겠어요.
G 그렇게 초조해 하지 마. 잘 해 낼거야.

FURTHER EXPRESSIONS

A –∘ You gave me a fright just then.
B –∘ I didn't mean to sneak up on you.
너 그때 정말 날 깜짝 놀라게 했어.
너한테 몰래 다가가려던 건 아니었어.

A –∘ Do you want to see my gun collection?
B –∘ No. Guns frighten me.
내가 총기 수집한 것 볼래?
아니. 난 총이 무서워.

A –∘ The sound of thunder really scares our dog.
B –∘ Oh, that's why he's howling.
우리 집 강아지는 천둥소리를 너무 무서워해.
그래서 저렇게 울부짖고 있구나.

A –∘ I was so scared when the phone rang at 4 a.m.
B –∘ Did you think it was bad news?
4시에 전화가 울렸을 때 너무 겁이 났어요.
나쁜 소식일거라고 생각했어요?

Q

성적이 잘 안 나와서 안 그래도 괴로운데
부모님이 자꾸 성적 얘기를 꺼냅니다.
이처럼 **"아픈 곳을 찌르는 것"**을 뭐라 하나요?

A

안 그래도 쓰린데 자꾸 그 사실을 언급하면 정말 짜증나죠? rub it in이 바로 그 표현입니다. 쓰라린 부분을 문지르다는 뜻으로 자꾸 상처를 건드려서 그것을 생각나게 할 때 쓰는 표현입니다. 주로 부정형을 취해서 Don't rub it in 자꾸 아픈 곳 찌르지마 이라고 합니다.

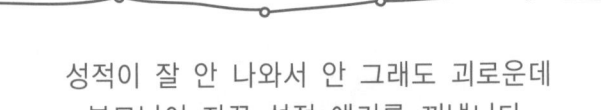

DIALOGUE 1 Track 13

I'M AFRAID OF HEIGHTS

나는 고소공포증이 있어요

George There's a great view[1] from the top[2] of Marine Tower.

Sandra Well, you go on up[3] without me.

George Why, are you tired?

Sandra No. I'm afraid of[4] heights.

G 마린타워 꼭대기에서 멋진 경치를 볼 수 있대.

S 그럼 나는 빼고 올라가.

G 왜? 피곤해?

S 아니. 난 고소공포증이 있거든.

1 view

- A huge nuclear reactor now spoils the **view** of the coastline.
  거대한 원자로가 해안선이 보이는 멋진 풍경을 망치고 있다.
- As we rounded the bend in the river the castle **came into view.**
  강의 굽어진 곳을 돌아가니 성이 눈에 들어왔다.

view란 어떤 장소에서 내다보이는 시야나 풍경을 일컫는다. 하지만 a room with a view가 우리말로 전망 좋은 방이라는 데서 알 수 있듯 view는 좋은 풍경 good scenery을 말하기도 한다.

2 top

- You will find my address **at the top of** the letter.
  편지지 상단에 보면 내 주소가 적혀 있을 거야.
- I eventually found the keys **on top of** the television.
  마침내 TV 위에서 열쇠를 찾았다.
- Spicy new pizzas **are topped with** curry sauce.
  새로 나온 매운 피자는 위에 커리 소스가 토핑되어 있다.

top은 명사와 동사로 모두 쓰이는데 명사로는 꼭대기, 정상, 윗면, 수석이란 뜻이다. 동사일 때에는 꼭대기를 달다, ~보다 높다/뛰어나다란 뜻으로 쓰인다.

3 You go on up

- **You open** the door right now.
  당장 문 열어.

You go on up은 명령문이다. Go on up이란 명령어에 You를 넣어 명령문을 강조한 문장이다. 이럴 경우에는 You를 강하게 발음한다.

4 afraid

- He says that he is **afraid of** losing his job.
  일자리를 잃을까봐 두렵다고 그는 말한다.

afraid는 두려워하여, 염려하여라는 뜻의 형용사인데, 명사를 직접 수식할 수는 없다. be afraid of는 ~이 무섭다라는 기분을 나타낸다. of 뒤에는 두려워하는 대상을 넣어주면 된다. 무서운 게 동작이면 of 뒤에 v-ing형을 써준다.
공포증을 표현할 때도 쓰인다. acrophobia 고소공포증를 모르더라도 위 대화문처럼 쓰면 뜻이 통한다.

DIALOGUE 2 Track 13

I'M WORRIED ABOUT IT

난 그게 걱정이야

Andy What is it, Kelly? You look **upset**[1].

Kelly Oh, I'm **worried about**[2] all the unpaid bills.

Andy Why don't you forget about those bills for now and join me for a couple of **beers**[3]? **They're on me**[4].

Kelly Hey, that sounds pretty good. Thanks.

A 켈리, 무슨 일이야? 심란해 보이는데.

K 응, 미지불 청구서들이 걱정되어서 그래.

A 지금은 청구서에 관해서는 잊어버리고 나하고 맥주 한 잔 하지 않겠어? 내가 낼게.

K 응, 그거 좋지. 고마워.

1 upset

- She was still **upset** about the argument she'd had with Harry.
  그녀는 해리와 벌였던 논쟁 때문에 여전히 기분이 안 좋았다.
- I had **an upset stomach** yesterday.
  나는 어제 배탈이 났다.

upset은 본래 **뒤집어엎다, 전복시키다**의 의미이기 때문에 감정과 관련지으면 당황스럽고 걱정스럽고 혼란스러운 기분을 말할 때 쓰인다. 배탈이 났을 때도 쓰인다. 배가 뒤집어졌다고 생각하면 편할 것이다.
upset은 명사, 동사, 형용사 모두가 될 수 있다. 형용사로서 upset은 be upset about[by/over]로 표현하거나 that 절을 취한다.

2 be worried ~

- She's so **worried about** her exam.
  그녀는 시험이 무척 걱정이다.
- I was **worried** that we wouldn't have enough money.
  돈이 충분치 않아서 걱정하고 있었다.

불안이나 고민을 말할 때의 표현으로서 **마음에 두다**, **끙끙 앓으며 고민한다**고 이해하면 된다. be worried about이라고 하거나 be worried that**절**로 표현하기도 한다.
이에 대해 Don't worry 걱정하지마, Cheer up 기운내, I know just how you feel 네 기분 잘 알겠어, Don't feel so bad 그렇게 심각해지지마라고 응할 수 있다.

3 beer

beer는 셀 수 없는 명사이다. 하지만 제품의 의미로 쓰이고 병이라는 일정 규격 속에 들어가게 되면 셀 수 있는 명사가 된다. I like beer는 맥주라는 물질이 갖고 있는 속성을 좋아한다는 뜻이고 Give me a beer라고 하면 **맥주 한 병 달라**는 것이다.

4 on

- This drink is **on** me.
  이 술은 내가 사겠다.

전치사 on의 용법은 경비를 부담하겠다는 뜻이다. **점심을 사겠다**고 하면 Lunch is on me라고 한다. **이번에는 내가 대접할게요**라고 하면 Let me treat you this time이라고 해도 된다.

DIALOGUE 3 Track 13

I'M REALLY NERVOUS

너무 겁이 나요

Sandra **How much time do I have**[1]?

George You have to **go on stage**[2] in five minutes.

Sandra I'm **frightened**[3].

George Don't worry.

Sandra I'm really **nervous**[4].

George I felt the same way the first time I sang on stage.

S 시간이 얼마 남은 거죠?

G 5분 후면 무대에 올라가야해.

S 무서워요.

G 걱정 마.

S 정말 겁이 나요.

G 내가 무대에서 처음 노래 부를 때도 그랬어.

1 How much time do I have?

- Mac's still **got** a long way to go before he makes a manager.
  맥이 매니저가 되려면 아직도 갈 길이 멀다.
- How much time do we **have** left to finish this?
  이걸 끝내는 데 시간이 얼마나 남은 거지?

시간이나 거리 추상적일 수도 있음가 얼마가 남았다는 표현을 할 때 비인칭 주어 it을 사용하기도 하지만 I have[have got]~란 표현을 즐겨 쓰기도 한다.

2 go on stage

- She is **on stage** for most of the play.
  연극 중 대부분 그녀는 무대 위에 있다.

stage는 공연이 이루어지는 무대를 가리킨다. 보통 무대에 올라간다고 할 때는 go on stage라고 한다. 무관사임에 주의한다. 하지만, go on the stage처럼 정관사가 들어가면 **직업으로서 배우가 되다**(become an actor)라는 의미이다.

3 frightened

- I was **frightened** of being left by myself in the house.
  집에 혼자 남겨지는 것이 너무 두려웠다.
- Terrorist activity in the area has **frightened** most tourists **away**.
  그 지역의 테러에 관광객들은 겁이 나서 달아났다.

surprised는 놀란이란 뜻이지만 frightened는 너무 놀라서 두려울 정도를 뜻한다.

4 nervous

- I was so **nervous** about the exam that I couldn't sleep.
  시험이 너무 걱정이 되어서 잠을 이룰 수가 없었다.
- There's no need to be so **nervous**. It's only an interview.
  초조해할 필요 없어. 그냥 면접일 뿐이야.

스트레스를 주는 상황에 있거나 이제 곧 들어가게 되어 걱정이 되고 안정을 할 수가 없는 느낌을 nervous 초조한, 불안한라고 한다. 특히 자신감이 없는 경우에 쓰인다.

DIALOGUE 4 Track 13

YOU'RE SUCH A WORRYWART

넌 너무 걱정이 많아서 탈이야

Kelly Andy, I'm so **worried about**[1] my puppy. He's not eating.

Andy Did you take him to the vet?

Kelly I called, but there was no **answer**[2].

Andy Don't worry. There's a new vet in town.

Kelly Oh great! I'll call information for his number.

Andy There's probably no **cause**[3] for concern. You're such a worrywart.

K 앤디, 강아지 때문에 너무 걱정이 돼. 통 먹지를 않아.
A 수의사한테 가 봤어?
K 전화해봤는데 아무도 받지를 않아.
A 걱정 마. 이 동네에 새로 개업한 수의사가 있어.
K 정말 잘됐다! 안내 번호에 전화 걸어 전화번호를 알아봐야겠어.
A 아마 걱정할 이유가 없는지도 몰라.
넌 너무 걱정이 많은 것이 탈이야.

나도 좀 마시자!
야.. 그거 유기농이라
어렵게 구했단 말야..

1 worry about

- Their daughter hadn't come home from school and they **were anxious about** her safety.
  딸이 학교에서 돌아오지 않아 그들은 딸이 무사한지 걱정하고 있었다.

worry about 혹은 be worried about은 ~에 관해 걱정하다란 뜻이다. be anxious about도 ~에 관하여 걱정하다란 뜻이다. 그러나 다소 쓰임새가 다르다. be worried about은 현재 자신에게 문제가 있거나 앞으로 생길 거라는 걸 알아서 기분이 안 좋은 것을 말하며 be anxious about은 어쩌면 일어날지도 모르는 나쁜 일에 대한 걱정을 말할 때 쓰인다.

2 answer

- The **answer to** the second question is Abraham Lincoln.
  두 번째 질문에 대한 답은 에이브러햄 링컨이다.
- I couldn't **answer** the last two questions. 타동사
  마지막 두 문제는 대답할 수가 없었다.
- I rang the number you gave me but nobody **answered**.
  네가 준 번호로 걸었지만 아무도 안 받았어.

아직도 이 문제에 대한 해결점을 찾을 수 없다고 할 때는 I can't still find out an answer to this problem이라고 한다. 즉 answer 뒤에는 to가 온다는 것을 잊지 말아야겠다.
하지만 answer가 명사가 아니라 동사로 쓰일 때는 to를 쓰지 않고 목적어를 직접 받는다. 또한 문맥으로 보아 목적어가 확실한 경우에는 목적어를 생략하기도 한다.

3 cause

- How many of them are positive to our **cause**?
  그들 중에 몇 명이나 우리의 명분에 동조적일까?
- I'm sure that they must have **good reasons** for wanting to live abroad.
  그들이 외국에서 살고 싶어할만한 충분한 이유가 분명 있을 거다.

cause도 이유이고 reason도 이유이다. 하지만 똑같은 단어로 쓰이지는 않는다. cause는 어떤 일을 일으키는 행동, 사건, 상황을 일컫는다. 그래서 대의명분이란 뜻으로 해석되기도 한다. 그리고 reason은 설명이 될 만한 것을 말한다.
관용적으로 쓰이는 cause and effect 인과관계나 the reason why + 절은 외워 두는 것이 편리하다.

DIALOGUE 5 Track 13

YOU WERE REALLY FRIGHTENED

너 정말 놀랐구나

Susan You **scared me to death**[1] when you tapped on my window just now.

Jesse I didn't want to wake up your parents. It is 1 a.m., **after all**[2].

Susan I'm still trembling! God that was scary!

Jesse Sorry. Hey, let's watch a horror video, Okay?

Susan Are you crazy? **That's the last thing**[3] I want to do now.

Jesse God, you really were frightened, weren't you?

S 네가 방금 내 창문을 두드렸을 때 난 기절초풍하는 줄 알았어.
J 너희 부모님을 깨우고 싶지는 않았거든. 어쨌든, 지금은 새벽 1시잖아.
S 아직도 덜덜 떨리네! 와, 깜짝 놀랐다!
J 미안해. 이봐, 우리 공포 영화 비디오나 보자.
S 미쳤니? 이 상황에서 무슨 공포 영화야?
J 이런, 너 정말 놀랬구나.

수리랑 놀아야 재미있는데,
수리는 뭐하고 있으려나..

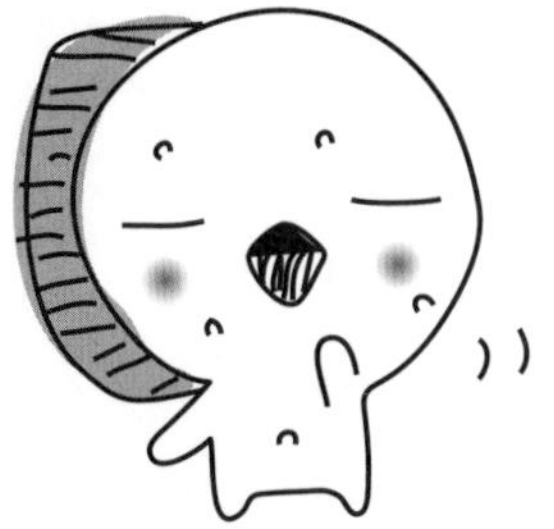

1 scar sb to death

- You **scared the hell out of me** jumping out like that!
  그렇게 뛰어내리다니 기절하는 줄 알았잖아!
- Some parents try to **scare** their children into behaving well.
  어떤 부모들은 아이들을 겁줘서 말을 잘 듣도록 하기도 한다.
- We lit fires to **scare away** the wolves.
  우리는 불을 피워서 늑대들을 쫓아버리려고 했다.

You scared me to death는 너 때문에 기절하는 줄 알았어란 뜻이다. 비어로 표현하자면 You scared the shit out of me라고 할 수 있지만 가까운 친구 사이가 아니라면 쓰지 말아야 한다.
영어에는 공포에 대한 다채로운 표현들이 있다. The movie scared the pants off me! 영화를 보고 나니 너무 무서워 오금이 저렸다라고 하거나 You scared the living daylights out of me 너무 무서워 기절하는 줄 알았다 등이 있다.

2 after all

- I don't know why you're so concerned, it isn't your problem **after all.**
  왜 네가 그리 걱정하는지 모르겠어. 어쨌거나 네 문제도 아닌데 말야.
- I'm sorry to hear that you won't be coming to London **after all.**
  네가 결국 런던에 오지 못한다니 정말 유감이다.

after all은 첫째, 다른 사실을 설명하기 위해서 기억하거나 고려해야 할 사항을 상기시킬 때 쓰인다. 둘째, 계획, 예정, 기대와는 달리란 의미로 쓰이기도 한다.

3 the last thing

- She's **the last person** I'd expect to meet in a club.
  그녀는 결코 클럽에서 만날 만한 사람이 아니다.
- He was **the first** to arrive and **the last** to leave.
  그는 맨 처음 도착해서 맨 마지막으로 나갔다.

그 사람은 결코 거짓말을 할 사람이 아니야라고 말하고 싶다면 He's the last person to tell a lie라고 하면 된다. 이 세상 사람들을 모두 한 줄로 나란히 세워서 볼 때 거짓말을 할 마지막 사람이란 말이기에 가장 거짓말을 하지 않을 사람이란 의미가 된다.

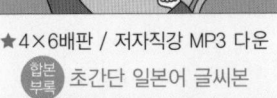

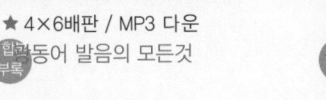

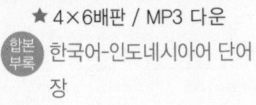

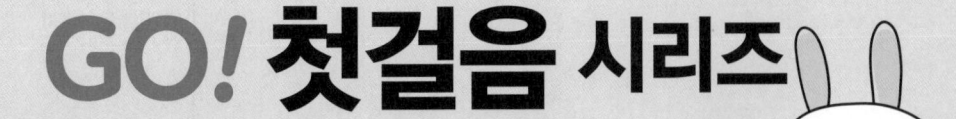

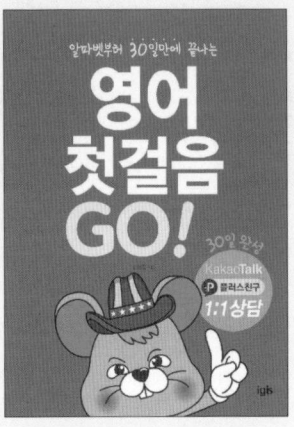

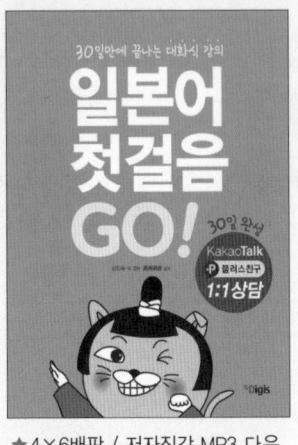

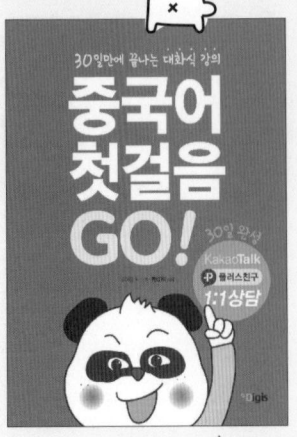

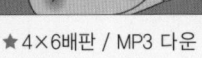

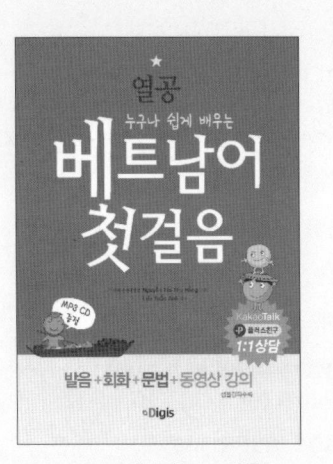

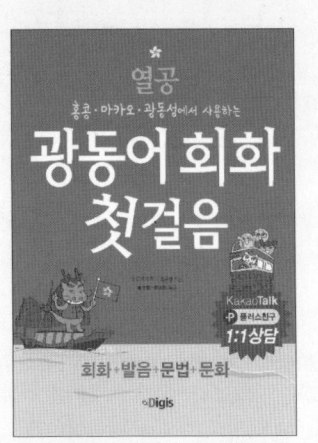

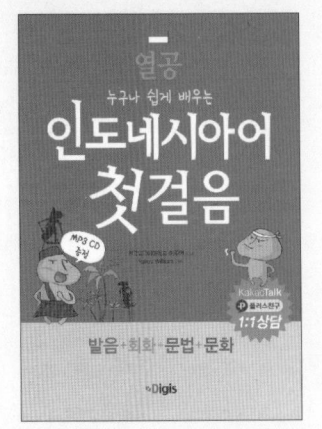

MP3 무료 다운
English Usage

유창한 영어회화

초간단 영어 표현 210

처음편

3판 1쇄 2023년 10월 5일
Editorial Director 김인숙

발행인 김인숙
Cover Design 김미선

발행처 디지스
Printing 삼덕정판사

139-240
서울시 노원구 공릉동 653-5

대표전화 02-963-2456
팩시밀리 02-967-1555
출판등록 제 제 6-694호
ISBN 978-89-91064-42-3